理科の授業研究

山下修一 編著

SCIENCE

北樹出版

はじめに

　編者は，イギリス・韓国・シンガポール・オーストラリア・タイ・パプアニューギニアなどの理科授業を視察してきたが，授業構成・教材の工夫・観察・実験指導・板書・ノート指導といった点については，日本の理科授業の方が遥かに優れていると思われた。この優れた理科授業を支えてきたのが，世界中から注目されている授業研究である。

　ただし最近は，理科の研究指定校の引き受け手が少なくて困っている。学校長が理科の研究指定を引き受けてくると，なぜ引き受けたのかと周囲の教員たちの反発を受けることもある。授業研究により，現場の課題が改善されるという見通しがないと，研究を継続するのが辛くなる。

　また，授業研究会に参加すると，「子どもたちの目が輝いていた」などの活動に着目したコメントが多く，授業改善につながる具体的なコメントが少なくなっていることに気づく。授業者の方でも「つたない授業でしたが，子どもたちはよく頑張っていたと思います」などと自評して，率直なコメントが出にくい雰囲気を醸し出している。

　ベテラン教員の大量退職が迫っている現在，今まで受け継がれてきた理科授業研究のノウハウを至急若手に継承しなければ，日本の優れた授業研究の伝統が途絶えかねないと危惧している。

　本書では，筆者らが実際の授業研究で出会った具体的な事例を取り上げ，より実りある授業研究とするためのアイデアを提供する。学部・大学院の学生には，模擬授業・教育実習での授業研究会の参考に，若手教員には，授業研究の留意点を把握するために，中堅・ベテラン教員には，授業研究を見直すきっかけにしていただければ幸いである。

目　　次

はじめに

第一部　研究授業に向けて

① 研究授業の前に　……………………………………………………9
1　まず理科授業に自信を持とう！　9
2　理科授業の目的をはっきりさせよう！　11
3　指導スタイルを確立しよう！　13
4　安全を確保しておこう！　15
　　　　コラム①　小学校における校内研究の実際　18

② 指導案について　……………………………………………………20
1　問題意識を書いてほしい！　20
2　何のための活動なのかを吟味しておこう！　22
3　学びにストーリーを！　23
4　理科授業に見通しを！　25
5　学習指導案を書く際の留意点　32
6　評価基準を定めておこう！　33
7　事前にリハーサルをしておこう！　35
8　使用する単位を確認しておこう！　36
9　板書計画をしっかり立てておこう！　39
10　学習指導案の書き方　40
　　　　コラム②　授業研究は楽しい？　46

③ 観察・実験について　………………………………………………48
1　理科の学習環境整備　48
2　危険の回避を！　51
3　必ず予備実験を！　54

4　苦手分野は他の人の知恵も借りよう！　60
　　　　　コラム③　自分から，そしてインフォーマルに　62

第二部　研究授業のポイント・見所

1　導入部について …………………………………………………65
　1　余裕を持って授業に臨めば子どもの反応がよく見える！　65
　2　授業に物を持って行こう！　66
　3　グループも活用しよう！　67
　4　課題を明示しよう！　68
　5　発言は大きな声で！　70
　6　先生の要約は最低限に！　71
　7　自分の欲する意見が出てくるまで指名し続けるのはやめよう！　72
　　　　　コラム④　実習での授業研究会（授業反省会）に思うこと　75

2　展開部について …………………………………………………76
　1　教科書を使い，教科書を超える授業を展開しよう！　76
　2　単純だと思えるものでも説明は難しい！　78
　3　新単元での研究授業は要注意！　81
　4　時間の指示は明確に！　83
　5　「みんなうるさい」の「みんな」って誰？　84
　6　何のための実験なのかはっきりさせよう！　85
　7　学習内容理解に貢献する言語活動にしよう！　86
　　　　　コラム⑤　小・中学校の授業研究の比較　90

3　まとめについて …………………………………………………92
　1　まとめには10分間は必要だと思っておこう！　92
　2　まとめでは世界一の板書・ノートを生かそう！　94
　3　質問を受けつけよう！　96
　4　時間以内に終わってこそプロフェッショナル！　96

5　家に帰って家族に説明してもらおう！　97
　　6　授業評価を受ける場合の留意点　100
　　7　実験やICT利用時はバックアップまで考えておこう！　100
　　8　実験の結果を生かそう！　104
　　9　ノートにしっかりまとめを！　107
　　　　　コラム⑥　授業研究の成果と課題　112

第三部　検討会・成果発表について

1　検討会について　……………………………………………………115
　　1　言い訳ばかりでは成長しない！　115
　　2　批判をするなら代案を！　116
　　3　すべてに，誰でもは，無理だと思おう！　117
　　　　　コラム⑦　初任者がやってきた　118

2　成果発表について　……………………………………………………121
　　1　教育研究はやってみなければわからない！　121
　　2　時間を生み出せないか考えてみよう！　121
　　3　アイデアはすぐに消えるので書き残しておこう！　123
　　4　授業分析をしてみよう！　124
　　5　意見が出にくいようならワークショップ形式で！　129
　　6　授業評価の方法　133
　　　　　コラム⑧　参観者としてのマナーを守ろう！　141
　　　　　コラム⑨　模擬授業での授業評価　142

理科の授業研究

第一部
研究授業に向けて

　平成20年告示の小・中学校の新学習指導要領では，改善事項の一つに「理数教育の充実」が挙げられている。理科の授業時数は，小学校3～6年で国語・算数に次いで3番目に多い405，中学校では国語・数学と並んでトップの385となった。教科書ページ数も前回検定版と比べて，小学校理科37％・中学校理科45％程度増加している。

　学習内容が3割削減された前学習指導要領下で履修した教育実習生や若手教員にとっては，自分たちが小・中学校で学習してこなかったことを教えなければならないので不安を感じ，理科授業を行う上での支援を必要としている。

　ところが，下図のように各地でこれまで授業研究を支えてきたベテラン教員が大量退職することになり，30・40歳代の中堅理科教員も不足しているので，授業研究のノウハウが，若手教員に伝わらなくなってきている。

　筆者らは，絶対数が少ない30・40歳代の中堅教員であり，本書を通じて少しでも日本の優れた授業研究の知見を若手教員へと橋渡ししたいと願っている。

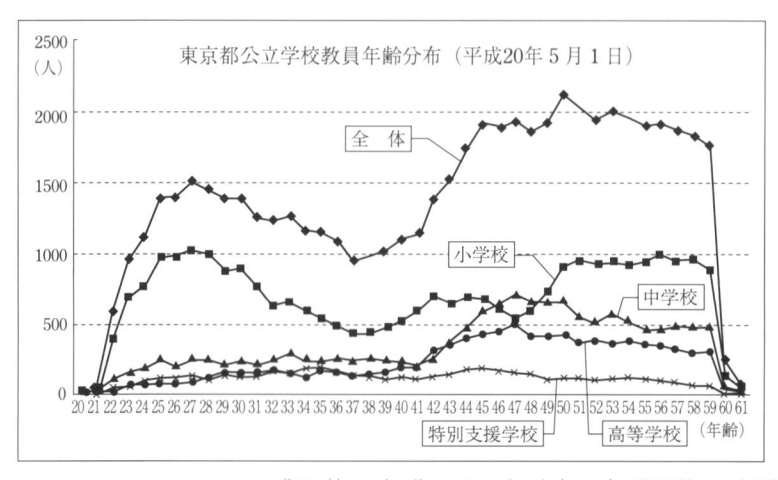

東京都公立学校教員年齢分布（平成20年5月1日）

(http://www.kyoiku.metro.tokyo.jp/press/pr090205j.htm　より引用)

1 研究授業の前に

1 まず理科授業に自信を持とう！

　私は，TIMSSやPISAの上位国であるシンガポール・韓国・イギリス・オーストラリアの理科授業を視察してきた。各国の理科授業とも，それぞれ優れた一面は持ち合わせていたが，授業構成・教材の工夫・観察実験指導・板書・ノート指導といった点については，日本の理科授業の方が遥かに優れていると思わせた。

　まず，定刻に授業が始まることは珍しく，5分遅れは当たり前である。そして，英語での理科授業を参観すると，何か高尚なやりとりが展開されているように感じるが，既に説明されたことの繰り返しであったり，わざわざ質問するまでもないことについて議論していたりすることも多い。教材も，日常生活に関連したものが投げ込まれるが，伝えるべき授業内容とうまく結びついていないこともある。観察・実験も，日本の理科授業ほど頻繁に行われているわけではなく，手続きも精緻でないことが多い。板書に至ってはメモ書き程度で，日本のように板書計画が立てられ，授業終了頃にはきちんと構成されたものが仕上がるといったことはほとんどない。ノートを回収して，個別に指導するようなことは，日本特有だろう。

　PISAの平均得点を見ても，上位国の中で日本のように科学的リテラシーが，読解力や数学的リテラシーの得点を上回っているような国はほとんどない。しかも日本の場合は，生徒の理科の週平均学習時間が148分（OECD平均202分，フィンランド194分，シンガポール345分）と短く，平均クラス人数も韓国に次いで2番目に多いという不利な状況下でのパフォーマンスである。このように厳しい状況でも，PISAやTIMSSで日本が好成績を残しているのは，理科教員によって素晴らしい授業が展開されてきたからに他ならない。私たちは，もっ

と日本の理科授業のよさを実感し、自分たちの理科授業に自信と誇りを持ってもよいのではないだろうか。

　海外から見ると、日本の理科授業は謎だらけで、どこに高得点をあげる秘密が隠されているのかわからなかったが、TIMSS 1999の理科授業ビデオ研究で、日本の理科授業の様子が海外に伝えられた。ビデオ研究では、5ヶ国（チェコ共和国・アメリカ合衆国・日本・オランダ・オーストラリア）の第8学年（中学2年生）で行われた各国約100時間分の理科授業が比較され、以下の点が日本の理科授業の特徴とされた。

・生徒の観察・実験活動が多いこと
・予測を立ててから観察・実験を行うこと
・観察・実験で得られたことを用いて主要な概念の裏づけをしていること

　これらの結果からも、他国に比べて日本の理科授業の特徴は、観察・実験が重視されていることだとわかる。パプアニューギニアでさえも、Stray cats（愛知物理サークル）の物理実験は有名であった。

　観察・実験以外の点については、まだまだ海外には知られていないが、私たちの研究室では、「優れた理科授業を次世代に継承するためのデータベース構築と授業づくり支援」という課題の研究費を獲得して、遅ればせながら伝統的に培われてきた日本の理科授業の優れた点を若手教員に継承するため、指導上のポイントや留意点、教材等の情報をデータベース化し、一部を英訳して日本の理科授業の一端を海外でも発表して紹介することにしている。

　日本では、小学校では国語と算数、中学校では国語・数学・英語が主要教科とみなされて重要視されているが、海外では、自国語と数学・理科が主要教科である。折しも、新学習指導要領では、理数教育の充実が謳われ、小学校で国語・算数に次いで3番目、中学校で外国語に次いで国語・数学とともに2番目の授業時間数となり、理科がようやく主要教科とみなされるようになった。ただし、今後は十分な時間が確保され、念願の厚い教科書となったので、「不利な状況でもすごいパフォーマンスですね」とは言われなくなり、条件が整った上で、成果をあげることができるのか試されている。

これからは，世界に誇れる理科授業を担当するのだという自負を持って，堂々と理科授業を展開したいものである。

2 理科授業の目的をはっきりさせよう！

学習指導要領は，約10年ごとに全面改訂され，重点が問題解決・系統学習・探究学習・基礎基本・活用などに移り変わり，現場はそのつど対応に苦慮してきた。もし，それぞれの理科教員が，授業を通じて児童・生徒にこれだけは伝えたいという確固とした目的を持っていれば，学習指導要領の変遷にそれほど苦慮することはなかっただろう。学習指導要領に対応しながらも，それを超えた自分なりの理科授業の目的を持っておきたい。

私は，日本の理科授業が観察・実験を重要視するという特徴から，理科授業を通して証拠に基づいた論理的な思考・表現を育みたいと思っている。現在は，英語が事実上の共通語となって重要視されているが，論理はもっと幅広く共通で，文化的背景が異なっていても通用するからである。理科授業の目的の一つが，証拠に基づいた論理的思考・表現の涵養に定まれば，授業中も躊躇することなく介入し，授業にも迫力が出てくる。

現状では，理科系の大学生や大学院生でも，就職試験でエントリーシートを書いたり，面接を受けたりして初めて，論理の重要性を認識しているという状態である。やはり書いたり，話したりして表現をする段階にならないと論理の重要性が認識されない。だから理科授業を通して，証拠に基づいた論理的な思考・表現を育みたいと思う。

例えば，小学校の理科授業でも，実験結果を「比較」「関係づけ」「条件制御」「要因や規則性，関係の推論」「分析・解釈」しながら，論理的に結論を導く思考・表現を促すことも可能である。

中学年でも，
・「形が変わると重さもかわってしまう」と繰り返す
・「形が変わると重さもかわってしまうというのは」と説明を促す
・「一つの重さは変わったけど，あと二つは変わらなかった」と事実確認を

する

といったように自分の考えを振り返らせる。

　高学年では，

・「おもりの重さを変えた時と糸の長さを変えた時の周期の変化の違いは？」と誤差について考えさせる
・「どの範囲なら振り幅を変えても周期は変わらないのか？」と範囲や条件に注目させる
・「1秒振り子を作るには？」と推論させる

といったように児童の発言を受けとめながらも，矛盾に気づかせる介入が可能である。

　さらに余裕があれば，説明の一貫性を促してはどうだろうか。一貫した説明が重要なことは，PISA 2006での科学的リテラシー最上位者の回答の特徴が，「複雑な生活の問題場面において，科学の知識と科学についての知識を一貫して認識したり，説明したり，応用したりする」ことであったことからもうかがえる（国立教育政策研究所編『生きるための知識と技能3』ぎょうせい，2007）。近頃の理科系大学生の中には，磁石につくものが金属全般なのか鉄だけなのか，あいまいな認識しか持っておらず，アルミニウムの棒を入れても，鉄芯のときと同様に電磁石になると答えるものもいる。これは，今まで学んだことが整理されておらず，思いつきや印象で回答しているためである。

　そこで，小学校5年『電磁石の性質』では，小学校3年で学んだ「電気はぐるっとひと回りできる回路（わ）を通る」と「磁石につくものは鉄（鉄族のコバルト・ニッケルも）」を振り返りながら，発展的課題「鉄芯の代わりにアルミニウムの棒を入れるとどうなるのか」について話し合わせて，筋の通った説明を促している。小学校のときから，筋の通った説明を促して論理を鍛えるという目的をはっきりさせ，試行錯誤の末につかんだ知識を今一度整理させてから，塾や参考書では扱っていない身近な発展的課題について，論理的に思考・表現することを促したい。

　新学習指導要領では，言語活動の充実が謳われているが，少なくとも知識を

整理すること無しに，「とにかく近所の人と話し合って」と指示するようなことはやめよう。後の授業研究会で，「なぜあの場面で話し合わせたのか」「話し合いは時間の無駄ではなかったのか」といった批判を受けることになる。

　他にも，「科学的な見方や考え方を身につけさせること」「自然科学の知識を獲得させること」「科学の手続きを学ばせること」など，自分の情熱を傾けられ，児童・生徒の実態とも合致する自分なりの目的をはっきりさせて，理科授業に臨みたい。学習指導要領を超えた理科授業の目的がはっきりすれば，学習指導要領改訂により自らの目的を見失うことなく，授業に情熱を傾け続けられるだろう。

3　指導スタイルを確立しよう！

　特別な訓練なしでも，児童・生徒の反応をうまく読み取り，臨機応変に対応できる天才的な教員も存在するが，多くの教員は日々の地道な努力によって，苦労しながら自分なりの指導スタイルを確立してきた。

　私も初任の頃に，仮説実験授業の授業書がある単元では仮説実験授業方式で，授業書がない単元では教科書中心の理科授業を展開していた。そうすると，生徒たちから「仮説実験授業方式の方が面白いから，全て仮説実験授業方式にしてほしい」と言われた。そこで，2年目からは仮説実験授業方式を参考にしながら，自分なりの理科授業を構築することにした。図1-1-1のように，毎時間見開2ページのノートが作成されるように，ノートよりも少し小さなサイズ（切らずにそのまま貼れるサイズ）のプリント1枚を配布して，左側にピット糊（水糊ではノートがしわになってしまう）で貼らせ，右側に「今まで学んだこととの関連」「新たに学んだこと」「今日のまとめ」などを書かせていた。

　はじめの頃は面倒がっていた生徒たちも，整理されたノートが出来上がってくるにつれて新しいやり方を受け入れ，最終的にはノートが最高の参考書になったと感謝されるようになった。

　出たとこ勝負の授業ではなく，首尾一貫した指導スタイルを確立することで，児童・生徒たちにも安心感や信頼感を与え，受け入れられるようになっ

14　第一部　研究授業に向けて

⟨電熱線による発熱⟩
太い電熱線と細い電熱線が並列・直列につながれた場合の発熱量を考えてみよう！

単元『電流と回路』のコア知識：
① 電流は分岐するまで一定
② 電圧は並列回路内では一定
③ 電流・電圧・抵抗は相互に（1つ変えると他も変わる）はたらく
④ 合成抵抗 [Ω]：
　直列 $R=R_1+R_2$（長くした時と同じ）
　並列 $1/R=1/R_1+1/R_2$（太くした時と同じ）

標準モデル
太さや長さを変える前の標準となるモデル。このモデルの電流と電圧を基準とする。

太いモデル
標準モデルに比べて太いので、ビー玉は流れやすくなる。よって、抵抗が小さい。

長いモデル
標準モデルに比べて長いので、ビー玉は流れにくくなる。よって、抵抗が大きい。

並列回路：電圧は等しいので、斜面の傾きはどちらも同じになる。

直列回路：電流を一定にするために、流れやすい太いモデルの斜面の傾きを緩やかにする。

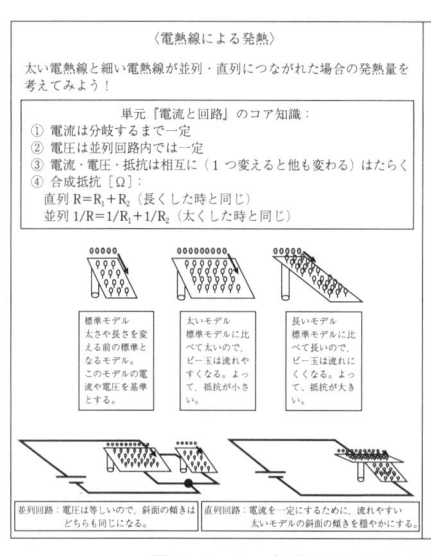

⟨今まで学んだこと⟩
電流は分岐するまで一定
電圧は並列回路内では一定
電流・電圧・抵抗は相互にはたらく

⟨新たに学んだこと⟩合成抵抗 R [Ω]：
直列 $R=R_1+R_2$（長くした時と同じ）
並列 $1/R=1/R_1+1/R_2$（太いのと同じ）

⟨今日のまとめ⟩
　直列回路では，電流を一定にするために，流れやすい太いモデル傾斜を緩やかにしてつなぐと，論理的に考えられる。

図1-1-1　毎時間作成される見開き2ページのノートの例

た。3年目からは，部活動や生活指導が忙しくなり，プリントに通し番号をつけて，1学期分は春休み中，2学期分は夏休み中，3学期分は冬休み中にまとめて担当クラス・人数分を印刷してしまい，準備室に保管していた。

以前は，授業直前に印刷しようとして，混んでいたり，印刷機の調子が悪かったりして，思うようにできなかったが，この方式にしてから，授業準備に慌てることがなくなった。

日本には，仮説実験授業・極地方式・問題解決学習・発見学習・範例方式・有意味受容学習・完全習得学習・先行学習など，大変優れた理科授業方法が存在する。今では，インターネット上にそれらの指導案や指導方法が紹介されており，様々な方法を比較・検討しながら，自分なりの指導スタイルを確立することが可能になった。

時々，インターネットで紹介されたままの研究授業に出会うことがあるが，児童・生徒が「あれ，いつもと違う」とささやいたり，こなれていない感じが伝わってきたりする。そういう場合に参観者たちは，児童・生徒が教卓の前に

集められている間に，児童・生徒のノートをめくって，この授業は研究授業用の特別なものだと確信する。児童・生徒の実態や各学校や地域の状況が異なるのに，紹介されたままの授業を展開しようとしてもうまく行かないことが多い。中には，公開の前の時間に本番と同じ児童・生徒を対象にして，リハーサル授業をしている場合もあるが，本番での児童・生徒の反応が不自然で，参観者たちから不審がられる。

　いずれにしろ，公開研究授業用の特別なものはすぐ見破られ，普段の授業と整合していないと，児童・生徒の反応が不自然になる。遠回りでもプロフェッショナルとして，自分なりの指導スタイルを確立し，普段の授業を見てもらうようにしよう。その方が，授業研究の玄人にも受ける。

　ただし，完璧な理科授業，いつも同じように反応する児童・生徒はいないので，一度確立した指導スタイルを日々点検して，進化させることも怠らないようにしよう。まさに，授業研究が指導スタイルの点検のよい機会となり，いただいたコメントが進化のきっかけになるので，積極的に研究授業を引き受けよう。

4　安全を確保しておこう！

　海外の理科教員たちが，日本の理科授業を視察すると，基本的な授業構成・方法は素晴らしいが，実験時の安全確保が不十分だと指摘する。例えば，「なぜ強い酸やアルカリを扱っているのに，ゴーグルやグローブを着用していないのだ」とコメントする。海外では，簡単な実験でもゴーグルやグローブを着用する。できる限り危険を回避するような安全対策を立てておこう。

　まず，アルコールランプやガスバーナーなどのよく使用する器具については，各学年のはじめに習熟させ，表1-1-1の例のようにパフォーマンス評価で全員がきちんと操作できるか確認しておく。参観者たちは，児童・生徒のアルコールランプやガスバーナーの習熟度を見て，普段からどの程度実験しているのかを推測する。

　そして，事前に『小学校理科　観察・実験セーフティマニュアル』『中学校理

表 1-1-1　相互評価用ガスバーナーの手順（点火）

手順　　　1班　2回目	後藤	鈴木	大島	山下	支援
1）ガス・空気調節ねじを閉める	◎	◎	◎	◎	
2）元栓を開く	◎	◎	◎	◎	
3）コックを開く	◎	◎	○	○	
4）マッチに火つける	◎	○	△	◎	マッチをする練習をした
5）ガス調節ねじを開きながら点火	◎	◎	○	○	
6）空気調節ねじを開きながら炎の調整	◎	◎	○	△	ねじがきつくて開かなかったので，ペンチでゆるめた
7）炎の中に青い三角形ができた	◎	◎	○	△	空気調節ねじが開くようにした

◎：素早くできた，○：できた，△：支援が必要だった

科室ハンドブック』（大日本図書），文部科学省の「小学校理科の観察，実験の手引き」http://www.mext.go.jp/a_menu/shotou/new-cs/senseiouen/1304651.htm などを熟読して，実験の留意点について確認し，予備実験を済ませてから授業に臨もう。

実験の留意点については，児童・生徒のノートの最終ページにも，以下のように書き出させておいて，常時参照できるようにしておくとよい。

・凸レンズで，強い光を出している太陽などは，絶対見ない

・ショート回路にならないように注意する

・金属板や三脚など加熱した後にすぐには触らない

・温度計ではかき混ぜない

・ガラスで手を切らないように注意する

　………

実験時には，その実験固有の留意点をワークシートなどに明記して徹底させておこう。例えば，葉をアルコール脱色する際，直接加熱したために引火する

事故が発生しているので，口頭のみならずワークシートなどに「アルコールの入ったビーカーを直接加熱しないこと」などと明記しておき，徹底させる。

　最近では，安全確保を過剰に意識し，研究授業の冒頭に5分以上も安全について長々と説明し，児童・生徒の実験への興味を削いでいるケースも見受けられる。安全について慎重になるのはいいが，子どもたちが興味を失ってしまうほどの長い説明は避けよう。説明が長すぎると集中できないし，普段とは違う特別なことをしていると参観者に感づかれてしまう。

　例えば，実験室の決まり「さしすせそ」などを作っておき，実験前に暗唱させてはどうだろうか。

　　さ：騒がず
　　し：慎重に
　　す：速やかに
　　せ：整理して
　　そ：率先して　取り組もう！

　児童・生徒に暗唱させることで，普段から安全に配慮しながら実験を行っているのだと，参観者たちに感じさせる。

コラム① 小学校における校内研究の実際

「学級崩壊」という言葉が日常的に使われている今日，その原因の一つとして，日々の授業の質の低下が挙げられている。学校生活の大半は授業であるため，その時間が退屈で内容がわからなければ，子どもたちが騒ぎ出すのは容易に想像がつくだろう。また，年々増え続けている新規採用教員の中には，知的で楽しい，子どもたちが活躍する授業を展開するにはどうすればいいのかと悩んでいる人も多い。その問題を解消するために，各学校では教員や子どもたちの実態に合わせて試行錯誤しながら校内研究に取り組んでいる。

具体的には，年度はじめに研究推進委員会を組織し，研究テーマや研究教科を決定し，どの学年も一度は授業を実施できるように年間計画を立てる。授業者は研究テーマに沿って研究授業の指導案を作成し，学年や研究推進委員会で指導案を検討し，何度も話し合いを重ねた後に研究授業を行う。その後は，研究協議会での講師や他の教員の指導を次時からの授業に取り入れたり，授業後の子どもたちの変化や習熟状態などをまとめたりして，授業内容や技術の向上をめざす。

一方，研究テーマに沿って教科や授業内容を各自で決めるなどの個人研究を行う学校も増えており，校内研究の授業方法も多様になってきている。教科が設定されている研究であると，音楽や図工などの専科教員は研究授業を行うことができないが，個人研究であれば，全員が自分の抱えている課題に対して研究授業を行うことができる。しかし，指導案を学年や研究推進委員会で検討する時間が減ってしまうため，若手教員はベテラン教員に教えてもらえる機会が少なくなり，深い内容まで研究を進めることは難しくなるという面もある。

また，多くの小学校では数年に一度「研究発表会」が行われている。今まで研究をしてきた内容を他校の教員や自治体（主に教育委員会），保護者，地域，教育関係者などに公開することがねらいである。一般的な流れは，全クラスが研究テーマに沿った授業を公開した後，体育館などの広い会場でパワーポイント等を使って研究内容や成果，課題などを発表し，講師に指導・講評をいただく。さらには，教員の資質を高めるため，著名人などを招き，教育に関する講演を設ける場合もある。「研究発表会」は半日で終わるが，準備には何年もの時間を要する。本来ならば，教員の指導力を高めることはもちろん，子どもたちの学力や能力を向上させるために行う「研究発表会」のはずが，指導案や研究紀要，掲示物の作成や発表の練習などでたくさんの時間を費やし，子どもたちと過ごしたり個別に指導をしたりする時間が取れず，日々の授業研究の時間も削られてしまうために逆効果であるという声も聞かれる。本末転倒にならないためにも，「研究発表会」の趣旨を明確にし，簡素化を心がけたい。

誰もが日々の授業や校内研究にもっと力を入れていきたいと考えているのだが，近年の小学校教員はとても忙しい。日々の授業に提出書類の作成，生活指導，保護者対応，

地域との関わりなど，毎日たくさんの仕事をこなさなければならない。時間外勤務は当たり前であり，休日出勤も常になりつつある。このような状況にもかかわらず，ほとんどの教員は時間を割きながら校内研究に熱心に取り組んでいる。そのため，少しでも教員の負担を減らしながら，なおかつ研究授業が実りあるものにするためには，工夫が必要である。

　一つ目は，指導案の詳細化である。現場で作成されている指導案は，おおまかな学習活動やその内容，子どもへの支援や留意点，評価の記載にとどまり，発問や指示などの細かい内容は授業者に委ねられることが多い。そのため，作成された指導案を参考に授業を行っても，教員の経験や子どもの発言によって流れが大きく異なる場合がある。ベテラン教員はうまくいくのに若手教員は同じ内容で授業を行っても最後には収集がつかなくなり，まとめまでたどり着くことができないことも少なくない。このような弊害をなくすためにも，発問や指示の明記や板書の仕方，ワークシートの共有化など，若手教員が行ってもベテラン教員と同じような授業展開ができるような指導案を作成することが必要である。それらのことにより，良い授業や指導方法がしっかりと継承されていくであろう。

　二つ目は，年一回の研究授業だけでなく日頃から自主的に授業を公開しながら，ベテランも中堅も若手もいろいろな立場の教員が，授業について話し合える機会を増やしていくことである。「百聞は一見にしかず」というように，中堅・ベテラン教員の授業には指導案では示すことのできない様々な工夫や手だてが盛り込まれている。例えば，的確な指示の出し方や間の取り方，子どものやる気を起こさせる言動，個々へのきめ細やかな指導など，授業をする上で大切なものばかりであるが，そのような細かなところまでは実際に授業を参観しないと気づかないことである。日々の授業を参観できる時間を確保するためにも，日常の仕事を効率的に行えるように工夫していくことと共に，人員の増加に期待したい。

　そして，これからの若手教員には「教員は授業で勝負する」という心構えを持ち，他の教員に教えられるまで待つのではなく，わからないことは自ら進んで質問し，学び，良いところはどんどん真似をしてほしい。そして，時には辛いことがあってもめげずに，未来の日本を担う子どもたちのために活躍してほしい。

（東京都杉並区立和泉小学校　小野寺千恵）

2 指導案について

1 問題意識を書いてほしい！

　よい教育研究は，現場の教育実践改善に資するものである。よい教育研究をするためには，現場では何が問題となっており，その問題が解決されると何が改善するのかを把握しておく必要がある。そのためにも，研究を始めるにあたって，しっかりした問題意識を持っておきたい。この問題意識が希薄だと，「学習指導要領が変わったから」「次は○○だから」という理由で研究テーマを設定し，苦労して研究しても，何も改善されなかったということになる。上から与えられた研究テーマには，現場の問題意識が直接反映されず，例えば「生徒の自主性を重んじる」というテーマで研究を進めたところ，研究終了後も自主性伸張に傾倒しすぎて，学校が荒れてしまったという話も聞く。

　小学校理科で問題解決を重視しているように，授業研究でも自分たちの問題を見つけることを大切にしよう。現職教員の場合，日々の授業をやり繰りするのに精一杯で，問題に気づきにくい。そのため，先行研究を調べて研究になりやすそうなテーマに飛びつきがちである。私の研究室にも，毎年長期研修生（教員の身分のまま大学で１年間研究する）が在籍しているが，研究計画書通りのテーマで研究を進めることはまずない。

　しばらくの間，研究室ゼミで「何が問題なのですか？」と問われ続け，はじめは計画書通りに，「電流概念を調査して，子どものつまずきを探りたい」「言語活動充実ための話し合いについて研究したい」と答える。しかし，一般的でありきたりの問題ではなく，あなた自身の現場にとって，真の問題は何なのか明確にしてほしいと迫ると，「単元間のつながりを意識しないで授業をしてきてしまったような気がする」「酸化銅の還元実験について教科書通りではうまく説明できず，誤魔化して説明していたような気がする」「太い電熱線と細い

電熱線が並列・直列につながれた場合の発熱量について，私自身がよく理解していないような気がする」と答えるようになる。

一般的な学習指導案には，授業者の問題意識が明記されていないことが多いが，『深い理解をめざした理科授業づくりと評価』（大日本図書）には，問題意識を明記した。以下は，中学校3年『酸化と還元』の問題意識の例である。

> 長年酸化銅の還元実験を扱ってきたが，「なぜ炭素を使うのか」納得いく説明ができなかった。従来は，「炭素が酸化銅から酸素を奪う」と説明してきたが，なぜ炭素が酸素を奪うのかについてはあいまいにしてきた。そこで，酸素との化合のしやすさを示す『化合力（Mg＞C＞Fe＞Cu＞Ag）』を導入することで，「炭素は銅よりも『化合力』が強いから，酸化銅から酸素を奪い取って二酸化炭素となり，銅が残る」と中学生でも納得する説明が可能であると考えた。そして，5時間の授業を通じて生徒の一貫した説明を促し，未習の課題にも『化合力』を用いて説明できるようにさせることをめざした。

問題意識が明確になってテーマが決まると，長期研修生たちは「こんなに身近なテーマでもいいのですか？」と言う。教育研究のテーマは，身近で具体的なものほどよく，個人にとって解決すべき重要な問題の場合，他の多くの教員にとっても，見過ごされがちな重要課題となっていることが多い。この問題意識の検討が甘いと，研究の途中で「他にもっといい研究があるのではないか」と集中力を欠いたり，多少の困難に直面して諦めてしまったりするので，日々の教育実践の中で何が改善できるのかという問題意識を持ち続け，研究テーマ設定に生かしてほしい。

問題意識を明確にして研究テーマが決まれば，研究も半ばまで進んだと考えてよいだろう。問題意識が明確になったら，
ゴールを明確にするために「どうなったら満足できるのですか？」
ゴールに至るプロセスを探るために「そのためにはどうしたらいいのですか？」
と問い続ければ，問題解決の道筋は自ずと見えてくる。

2 何のための活動なのかを吟味しておこう！

　大学生に，小学校の理科で何を学んだのかと問うと，「楽しかったことは覚えているけど，何を学んだかは思い出せない」と言う学生が多い。それでは，何が楽しかったのかと尋ねると，「葉を煮たときに水に緑色が移るのが綺麗だった」と言う。それは何の実験だったと訊くと，「何だったんだっけなあ？」という具合である。光合成の授業で，ヨウ素デンプン反応を見やすくするため，葉をアルコール脱色した際に，アルコールに緑色が移ったのを見て感動したのは覚えているが，肝心の何のための実験だったのかは思い出せない。ここでは，遮光した葉としない葉のヨウ素デンプン反応を比較して，光合成における日光の役割を把握することが目的なのに，実験活動自体が目的や学習内容となってしまっている。

　小学校理科では，空気鉄砲・電磁石釣り竿づくりなど楽しい活動が目白押しで，児童には楽しい活動自体が理科学習だと受けとめられて，理科は楽しいと言う。しかし，何のためにわざわざ理科授業で，ものづくりをするのかよく吟味しておきたい。

　例えば，第4学年『空気と水の性質』では，空気鉄砲づくりなどにより，観察・実験の技能を高めるとともに，
・閉じ込めた空気を圧すと体積は小さくなるが，圧し返す力は大きくなること
・閉じ込めた空気は圧し縮められるが，水は圧し縮められないこと
を理解することが求められている。

　学んだ空気や水の性質を生かして，自分なりの工夫をしながら空気鉄砲が作れることが理想だが，玉を飛ばすことに夢中になって，肝心の前玉と後玉の関係や玉の湿り具合にまで思いを巡らしている児童はわずかである。授業参観をしていると，長い筒の場合と比べるように導くなど，教員の介入が必要だと感じることも多い。ものづくりでは，児童・生徒が単元の学習で身につけた知識を生かして，設計したり工夫したりすることで，知識の有用性を感じ取らせ，実感を伴った理解につなげることが重要である。

　授業研究会でも，「現象を比較したり，関係づけたりすること」が単元目標

なのに,「児童・生徒が生きいきと活動できたか」で授業の良し悪しを判断しているケースも見られる。

そして,最近の研究授業では,優れた力量を持つ教員でも,授業研究会での批判を恐れてか,導入後間もなく活動に入り,活動が終わる頃にチャイムが鳴ってしまって,まとめは次の授業に回されることが多くなった。活動は,目的や学習内容ではなく手段なので,何のための活動なのかをよく吟味した授業展開にしてほしい。

3　学びにストーリーを!

大学生と学習指導案を検討していると,学びにストーリーをつけなければならないことがわかりましたと言う。理科授業は,単に個別の場面や知識の寄せ集めではなく,単元全体に一体感を持たせる必要がある。

人は,文脈から切り離された個別の場面を思い出すのは難しいが,ストーリーをつけておけば忘れにくい。例えば,次のものを古い年代の順に並べてみてほしいと大学生に尋ねると（西林克彦『間違えだらけの学習論』新曜社,1994）,中学生のときには年号まで覚えていたのに,大学3年生頃になると正答率が30%以下になってしまう。

```
①墾田永年私財法
②三世一身法
③荘園の成立
④班田収授法
```

以前は社会科が得意だったという大学生は,

```
①墾田永年私財法→三世は「なしさ」(743)
②三世一身法→「なにさ」(723)
③荘園の成立→???
④班田収授法→蒸し殺(645)
```

のように年号を語呂合わせで覚えていたが，三世が「**なしさ**」なのか「**なにさ**」なのか混乱して，順番が決められない。多くの大学生は，この学生のように語呂合わせで年号を覚えており，中間テストや期末テストは乗り切ったが，数年経過すると思い出せなくなってしまう。その中で，自信を持って回答していた学生がいた。その学生によると，社会科の先生は年号を覚えさせるだけでなく，背後のストーリーまで以下のように学ばせてくれたと言う。

「農地を広げようと班田収授法を作ったが，いざ田を返却する頃になると，どうせ返却するのだから耕すのはばかばかしいと思われ，荒れ地で返却されることが多くなった。そこで，三世までの所有を許したが，返却の期限が近づくと班田収授法と同様のことが起きたので，永年にわたり私財とすることを認めると，荘園が各地に広がった」

この学生は，荘園が各地に広がった背景まで理解しており，簡単に思い出せた。この例からも，場面や知識を個別ばらばらに覚えるのではなく，関連づけておくことが重要であるとわかる。

大学生たちは，この例を通して「歴史は暗記だと思っていましたが，背景まで深く学んで理解しておく必要があるのですね」と言う。確かに以前は，一つひとつの情報量を少なくすれば，その分脳に沢山詰め込めると信じられていたが，最近では，脳の容量は莫大で情報はいくらでも詰め込めるが，年月が経過すると検索して引き出すのが難しくなるとされている。語呂合わせでは，三世が「**なしさ**」なのか「**なにさ**」なのか混乱しやすく，後で引き出せなくなる。知識をストーリーにしておけば，一部の知識が検索に引っかかると，芋ずる式に全体が引き出せる。

先日参観した銚子付近の小学校5年生『電磁石の性質』の授業では，「電磁石にたくさんの電流を流したり，まき数を多くしたりすると，磁力が強くなること」を学ばせるために，小さい鰯しか釣り上げられない電磁石釣り竿を作らせた後，何とかして大きな鰹を釣り上げる工夫を児童たちに考えさせた。漁師町にちなんだストーリーをつけた見事な展開で，児童たちは必死に大きな鰹を釣り上げようと，電池の数を増やしたり，コイルのまき数を多くしたりした。

最後には，何とか大きな鰹を釣り上げることができ，電池を直列に増やしてたくさんの電流を流そうとしたり，コイルのまき数をできるだけ多くして磁力を強くしようとしたりした経験は，児童たちから一生忘れ去られることはないだろう。

4 理科授業に見通しを！

　国立教育政策研究所が，平成18年に小学校5年生（111校3,284名）・中学校2年生（100校3,196名）を対象に実施した「特定の課題に関する調査（理科）」で，水100gに食塩20gを溶かしたときの重さを120gと選択できたのは，小学校5年生：63.2%・中学校2年生：59.4%にすぎなかった。この結果からも，中学校でモデルを用いて化学変化における質量保存を学んでも，食塩や砂糖の溶解には生かせなかったと言えよう。

　以前から，指導書などには領域別内容系統一覧表が掲載されていたが，学年や単元を超えて学習内容のつながりを意識した授業は，ほとんど見られなかった。私たちの研究室では，小学校6年生『水よう液の性質』で，「ものの出入りがなければ質量は保存されること」をコア知識（幅広い現象に適用できる確固とした知識で，一貫した説明がしやすいように操作を加えた知識）として，小学校5年生『もののとけ方』で学んだ知識とのつながりを表現した一覧表を用いた授業を試みた。その結果，児童たちは学習内容の関連を認識するようになり，「関連図を使ったので，小学校5年生の時の授業を振り返りながら授業のつながりを

知ることができた」「とっても楽しかったです。小学校5年生の時の勉強と比較して,小学校6年生の勉強との関連を探すなど,他の先生はあんまりやらないような授業でした」のような感想を述べるようになった。

表1-2-1　小・中学校理科の内容構成の化学分野の例(一部)

校種	学年	粒子			
		粒子の存在	粒子の結合	粒子の保存性	粒子の持つエネルギー
小学校	3			物と重さ ・形と重さ ・体積と重さ	
	4	空気と水の性質 ・空気の圧縮 ・水の圧縮			金属,水,空気と温度 ・温度と体積の変化 ・温まり方の違い ・水の三態変化
	5			物の溶け方 ・物が水に溶ける量の限度 ・物が水に溶ける量の変化 ・重さの保存	
	6	燃焼の仕組み ・燃焼の仕組み		水溶液の性質 ・酸性,アルカリ性,中性 ・気体が溶けている水溶液 ・金属を変化させる水溶液	
中学校	1	物質のすがた ・身の回りの物質とその性質 (プラスチックを含む) ・気体の発生と性質		水溶液 ・物質の溶解 ・溶解度と再結晶	状態変化 ・状態変化と熱 ・物質の融点と沸点
	2	物質の成り立ち ・物質の分解 ・原子・分子	化学変化 ・化合 ・酸化と還元(中3から移行) ・化学変化と熱(中3から移行)		
			化学変化と物質の質量 ・化学変化と物質の保存 ・質量変化の規則性		
	3	水溶液とイオン ・水溶液の電気伝導性 ・原子の成り立ちとイオン ・化学変化と電池	酸・アルカリとイオン ・酸・アルカリ(中1から移行) ・中和と塩(中1から移行)		

下線は新規項目

新学習指導要領（理科）では，粒子概念のような基本概念を柱とした系統性が重視され，小学校と中学校の接続がスムーズになるように小・中学校理科の内容構成が示された（表1-2-1）。

　これにより，以前にも増して「エネルギー」「粒子」「生命」「地球」といった基本的な見方や概念を意識しながら，小・中学校の学習内容を見通して教えることが期待されている。学習指導案にも，小・中学校の学習内容のつながりを書くようになった。このことは，教える側の教員にとっても，学ぶ側の児童・生徒にとっても，見通しを持った理科学習を促す。

　ただし，以前から指導書には内容系統一覧表が掲載されていたにもかかわらず，学習内容のつながりを意識した授業が展開されるのはまれであった。学習内容のつながりまで意識した授業を展開するには，内容構成を示すだけでは不十分で，各単元で具体的にどのような事柄が学ばれ，どのように関連しているのかまで把握されなければならない。そこで私たちの研究室では，コア知識一覧表を開発して学習内容のつながりを意識させている（表1-2-2にはコア知識一覧表の化学分野の例を示すが，詳細については，山下修一（2011）小・中学校理科全単元をつなぐコア知識一覧表の利用意識と試行授業の影響，理科教育学研究，52(2), pp. 143-153を参照してほしい）。コア知識一覧表は，Ａ0判に拡大したものを実験室などに掲示したり（図1-2-1），ダイジェスト版を各生徒に配布してノートに貼りつけさせたりして（図1-2-2），いつでも参照できるようにしている。

図1-2-1　掲示されたコア知識一覧表　　　図1-2-2　ダイジェスト版の利用例

表 1-2-2 コア知識一覧表の化学分野の例（テキスト版 2010.7 version の一部）

学年	粒子〈すべての物質は，これ以上細かくできない粒子からできている〉〈粒子には重さがある〉		
	原子・分子	イオン	化学変化
小学校3年	物と重さ ・形と重さ ・体積と重さ 〈ものの出入りがなければ，形が変わっても重さは変わらない〉 〈体積が同じでも重さが違うことがある〉		
小学校4年	空気と水の性質 ・空気の圧縮 ・水の圧縮 〈粒子の間にはすき間がある〉 〈水よりすき間が大きい空気の方が弾力がある〉		
	金属，水，空気と温度 ・金属，水，空気の温度と体積の変化 ・金属，水，空気の温まり方の違い ・水の三態変化 〈温度が上がると粒子の動きが激しくなる〉 〈金属の粒子はその場で動きをとなりに伝えていく〉 〈激しく動く水や空気の粒子は上にあがっていく〉 〈氷は0℃くらいで溶け始めて水になり，水は100℃ぐらいで沸騰して水じょう気（目に見えない）になる〉 〈蒸発は100℃にならなくてもする〉		
小学校5年		物の溶け方 ・物が水に溶ける量の限度 ・物が水に溶ける量の変化 ・重さの保存 〈溶けるとは目に見えないくらい小さくなって水の中に散らばること〉 〈水に溶けると透明になるが，透明には無色透明と有色透明がある〉 〈水の量や水の温度によって溶ける量が違う〉 〈物が水に溶ける量には限度があ	

② 指導案について　29

			〈物の出入りがなければ重さは変わらない〉	
小学校6年			水溶液の性質 ・酸性，アルカリ性，中性 ・気体が溶けている水溶液 ・金属を変化させる水溶液 〈リトマス紙　青→赤：酸性，赤→青：アルカリ性〉 〈二酸化炭素は水に少し溶ける〉 〈水溶液には金属を変化させるものがある〉	燃焼の仕組み ・燃焼の仕組み 〈熱や光を出して酸素と激しく結びつくのが燃焼〉 〈燃焼の三条件（十分な酸素・燃えるもの・温度）〉
中学校1年	物質のすがた ・身の回りの物質とその性質 　（プラスチックを含む） ・気体の発生と性質 〈物質とはものの素材のことで，物質ごとに特有の性質がある〉 〈燃えて二酸化炭素を出すのが有機物，ただし二酸化炭素は無機物にしている〉 〈金属の性質：みがくと光る・広げたりのばしたりできる・電流がながれやすく熱が伝わりやすい〉 〈密度 (g/cm3) は物質ごとに決まっている〉 〈水に溶けにくい気体は水上置換，空気より重ければ下方置換，空気より軽ければ上方置換で集める〉 状態変化 ・状態変化と熱 ・物質の沸点と融点 〈状態が変化しても物質そのものは変わらない〉 〈温度によって物質の状態は　固体←→液体←→気体　と変わるが，固体←→気体と昇華するものもある〉 〈状態を変える時には，熱を吸収したり放出したりするので，その間は温度が変化しなくなる〉 〈物質の状態が変化しても全体の質量は変化しないが，体積や密度は変化する〉 〈ほとんどの物質の体積は，固体＜液体＜気体となるが，水は例外〉 〈融点や沸点は物質によって決まっている〉 〈混合物では融点や沸点がはっきりしなくなる〉		水溶液 ・物質の溶解 ・溶解度と再結晶 〈水溶液では，水に溶けている物質を溶質，溶質を溶かしている水を溶媒，溶質が溶媒に溶けることを溶解という〉 〈100gの水に溶ける溶質の質量を溶解度という〉 〈質量パーセント濃度 (％)＝{溶質の質量(g)/(溶質の質量(g)＋溶媒の質量(g))}×100(％)〉	

中学校2年	物質の成り立ち ・物質の分解 ・原子・分子（周期表を含む） 〈原子：それ以上分割できない最小の粒〉 〈原子だけでは性質を示せない酸素・水素・窒素などは，いくつかの原子がくっついた分子となって存在している〉		化学変化 ・化合 ・酸化と還元（現行中3から） ・化学変化と熱（現行中3から） 〈化学変化では，物質そのものが変化する〉 〈酸素と結びつくのが酸化〉 〈酸素を取り除くのが還元〉 〈酸化と還元は同時におきる〉 〈化学変化には熱の出入りがある〉
			化学変化と物質の質量 ・化学変化と質量の保存 ・質量変化の規則性 〈化学変化でも，ものの出入りがなければ質量は保存される〉 〈結びつく物質の質量の比は決まっている〉
中学校3年		水溶液とイオン ・水溶液の電気伝導性 ・原子の成り立ちとイオン（電子，原子核を含む） ・化学変化と電池 〈電子を出し入れしてイオンになる〉 〈電子をもらうと陰イオン，電子を失うと陽イオンになる〉 〈イオンになりやすさには順番がある〉 〈塩は水に溶けると電気を通すようになる（電解質水溶液）〉 〈電池では，イオンになって電子を出す方がマイナス極になる〉	エネルギー ・様々なエネルギーとその変換（熱の伝わり方，エネルギー変換の効率を含む） ・エネルギー資源（放射線を含む） 〈エネルギーは形を変えて存在し続ける〉
		酸・アルカリとイオン ・酸・アルカリ（現行中1から） ・中和と塩（現行中1から） 〈水素イオン（H^+）と水酸化物イオン（OH^-）の割合で酸・アルカリが決まる〉 〈BTB溶液 黄色：酸性，緑：中性，青：アルカリ性〉 〈フェノールフタレイン溶液 赤：アルカリ性〉 〈酸とアルカリが中和すると水と塩ができる〉	

下線は新規項目，〈 〉内はコア知識

コア知識の表現は，例えば小学校3年生では「ものの出入りがなければ，形が変わっても重さは変わらない」「電気はぐるっとひと回りできる回路（わ）を通る」など，実際の授業にも使いやすいものにした。コア知識一覧表のニーズを理科教員（58名）に調査したところ，以前の理科授業では，学んだ知識について振り返ったり，つながりを確認したりすることは限られていたが，コア知識一覧表が手元にあれば，授業計画時に既習内容とのつながりを意識したり，単元導入時に既習内容を振り返ったり，授業中にどの知識が重要になるのか意識したり，既習内容とのつながりを確認したりするようになることが確かめられた。これからの理科授業は，小学校では中学校の学習内容を見通して，中学校でも小学校で学んだことを生かした展開にしてほしい。

　大学の授業では，大学生たちに独自の一覧表を作らせているが，一覧表を作ることで学習内容のつながりがよくわかったと言う。研究主任になったら，児童・生徒の実態に合わせた学校独自の一覧表を作成してみてはどうだろうか。作成することで，学習内容のつながりを把握でき，各学年で何を学び取らせることが重要になるかよく理解できるだろう。

　最近は，学習指導案にも以下のように学習内容のつながりを書くようになって，教育実習生でも学習内容のつながりを意識した授業展開にしている。

表1-2-3　学習内容の関連（第6学年『てこの規則性』の例）

第3学年	第5学年	第6学年
『風やゴムの働き』 ・風の働き ・ゴムの働き	『振り子の運動』 ・振り子の運動	『てこの規則性』 ・てこのつり合いと重さ ・てこのつり合いの規則性 ・てこの利用（身の回りにあるてこを利用した道具）

　私も，授業研究会には必ずコア知識一覧表を持参して，授業で学習内容のつながりが意識されているのか，児童・生徒に伝えるべきことが明確になっているのか，チェックしている。

5　学習指導案を書く際の留意点

　学習指導案をしっかり書いて授業に臨んでいる場合，参観者たちの目には，指導案検討を怠った場合とは違って，自信に満ちあふれた態度に映る。そして，私の授業をじっくり見て，どうぞ具体的で建設的なコメントを下さいという気持ちになる。どうせ研究授業を引き受けるのなら，ポジティブな気持ちで授業を展開したい。

　学習指導案を書く際には，まず学習指導要領で単元指導のポイントを確認する。例えば，小学校3年『物と重さ』では，単元のねらいとして「物と重さについて興味・関心をもって追究する活動を通して，物の形や体積，重さなどの性質の違いを比較する能力を育てるとともに，それらの関係の理解を図り，物の性質についての見方や考え方をもつことができるようにする」ことを押さえておく。そして，単元終了時には，「ア　物は，形が変わっても重さは変わらないこと。イ　物は，体積が同じでも重さは違うことがあること」が児童にしっかりと理解されているのか確認する手立てを忘れない。ここでは，粘土などで「形が変わっても物の出入りがなければ重さは変わらないことを実感させる」ことがポイントになる。

　次に，児童・生徒の実態に応じた柔軟な授業展開を構想する。その際，事前に児童・生徒の実態調査を実施することが多いが，安易な調査にしないでほしい。調査結果を授業づくりに生かすという視点がないと，「理科は好きですか？」「理科は楽しいですか？」「テレビを一日何時間見ていますか？」といった質問をしてしまい，結果を分析しても授業づくりに生かせないということになってしまう。調査結果を授業づくりに生かすためには，学習する内容に関する児童・生徒の実態を調査する。ところが，既に学習した内容の理解状態をテストするのは得意な先生でも，これから学習する内容についての調査問題を作成するのは難しい。例えば，小学校3年『物と重さ』の実態調査なら，「重さをはかるものには何がありますか？」「形がかわると重さがかわるものがありますか？」「1kgの鉄と1kgの水はどちらが重いですか？」と調査しておけば，結果を授業づくりに生かせる。

そして，学習指導案を書く際には，同業者にしかわからない用語は避ける。指導・助言者として授業研究会に参加する場合に，事前に学習指導案を検討しているが，業界用語にしばしば困惑させられている。例えば，「……することができる」の乱発である。「捉えることができる」「確かめることができる」など，「捉えられる」「確かめられる」のようにシンプルにしてほしいと思う。同業者にしかわからない表現は控えて，印象でなく具体的にどうなっているのかがわかるような表現にしておきたい。

6 評価基準を定めておこう！

以前は，5段階（5：7％・4：24％・3：38％・2：24％・1：7％を目安に評価）の相対評価で評価することが多かったが，近頃は絶対評価（他の児童・生徒の成績にかかわらず，特定の基準に基づいて評価）で評価するようになった。そのため，明確な評価基準を示すことが必要になった。

「評価観点」：コミュニケーション能力
「評価規準」：○○について説明できる
「評価基準」：A「証拠を示して○○について一貫した説明ができる」
　　　　　　　B「○○についてわかりやすく説明できる」
　　　　　　　C「○○について説明できる」

評価規準・評価基準の作成にあたっては，各教科書会社のホームページや教育課程研究センターの「評価規準の作成，評価方法等の工夫改善のための参考資料」http://www.nier.go.jp/kaihatsu/shidousiryou.html を参考にするとよい。

例えば，小学校6年『燃焼の仕組み』では，「物の燃焼の仕組みについて興味・関心をもって追究する活動を通して，物の燃焼と空気の変化とを関係づけて，物の質的変化について推論する能力を育てるとともに，それらについての理解を図り，燃焼の仕組みについての見方や考え方をもつことができるように

表1-2-4 小学校6年『燃焼の仕組み』の評価規準・評価基準表（Rubric）の例

	自然事象への関心・意欲・態度	科学的な思考・表現	観察・実験の技能	自然事象についての知識・理解
評価規準	ものの燃え方に興味をもち，燃焼のしくみについて調べようとしている ものの燃え方のしくみを適用して，身の回りの現象を見直そうとしている	空気の入れかわりがあると，ものが燃え続けることを見い出し，自分の考えを表現している ものの燃え方と酸素のはたらきについて，実験結果と照らし合わせて考察し，自分の考えを表現している。	気体検知管や石灰水などで，ものが燃える前後の変化について調べ，結果を記録している	ろうそくが燃えると，空気中の酸素が使われ，二酸化炭素ができることや，木などが燃えた後には灰が残ることを理解している
A基準	ものの燃え方に興味をもち，自分なりの工夫をして調べようとしている ものの燃え方のしくみを様々な身の回りの現象に適用しようとしている	空気の入口と出口に着目して，空気が入れかわる様子を自分なりに考え，表現している 酸素のはたらきについて，実験結果や予想や仮説を照らし合わせて考察し，自分の考えを表現している	気体検知管や石灰水などを正しく使って，ものが燃える前後の変化について，気体の成分と関係づけながら調べ，具体的に結果を記録している	気体の成分と関係づけて，ろうそくや木などが燃えると，空気中の酸素が使われ二酸化炭素ができることや，木などが燃えた後には灰が残ることを理解している
B基準	ものの燃え方に興味をもち，燃え方を調べようとしている ものの燃え方のしくみを身の回りの現象に適用しようとしている	空気の入れかわりがあると，ものが燃え続けると考え，自分の考えを表現している 酸素のはたらきについて，自分の考えを表現している	気体検知管や石灰水などを正しく使って，ものが燃える前後の変化について調べ，結果を記録している	ろうそくや木などが燃えると，空気中の酸素が使われ二酸化炭素ができることや，木などが燃えた後には灰が残ることを理解している
Bに達しない場合	友達の工夫や日常生活での事例を紹介し，どのようにするとよく燃えるようになるのか，試させる	空気の入口と出口に着目させて，ろうそくの燃焼を観察させ，空気の入れかわり・酸素のはたらきに気づかせる	気体検知管の使い方，石灰水は二酸化炭素があると白く濁ることを再確認させる	ものが燃える前後での酸素と二酸化炭素の値を再確認させる 木などを燃やした後には，何が残っていたかを思い出させる

する」ことが単元のねらいとなっている。評価規準・評価基準は，学習指導要領の目標・内容，児童・生徒の実態，単元の内容・既習事項，学校・地域の実情に応じて，柔軟に定めることになっている。小学校6年『燃焼の仕組み』の評価規準・評価基準表（Rubric）は，表1-2-4のように作成できる。

児童・生徒の自己評価やメタ認知能力伸張のために，教員の方からB基準

だけを提示し，学級全体でAとCの基準を定めるという方法もある。この方法だと，児童・生徒は明確な目標を持って，授業に取り組むことになる。

　大変な苦労をして児童・生徒の観点別評価をすることになるが，評価しながらも自分の授業を振り返る手がかりを得て，授業改善につなげてほしい。

7　事前にリハーサルをしておこう！

　ベテランの教員の中には，一発真剣勝負の授業の方が緊迫感があっていいという人もいるが，研究授業では極力失敗を避けたいので，事前にリハーサルをして，複数の同僚に見てもらっておいた方が無難である。

　例えば，小学校5年『もののとけ方』の研究授業で，児童が「50gの水に食塩（砂糖）5gを溶かすと何g？」という課題に取り組み，上皿天秤を使って熱心に重さを測った結果，以下のようになり，児童たちは「やっぱり減った」と喜んでいたことがあった。

食塩班	1	2	3	4	5	6	7
合計	54g	54g	55g	53g	53g	54g	55g
砂糖班	1	2	3	4	5	6	7
合計	53g	54g	55g	53g	54g	54g	54g

　教員が事前にすべての上皿天秤をよく調整しており，ビーカーの重さの分だけの粘土を別に用意して，ビーカーの重さを相殺した状態で食塩（砂糖）水の重さをはかっていた点は，素晴らしかった。

　しかし，食塩（砂糖）5gをはかりとるのに，教員は「上皿天秤の針が，中央を中心に左右等しくふれれば，釣り合ったことにする」と言っていたが，児童たちは針が中央に止まるまで待っていたので，時間がかかった。そして，ビーカーの50mlの線に合わせて水をはかり取り，それを50gとしていたが，班ごとに水の量が若干異なっているようにも見えた。

　結局，上の結果をまとめようにもまとまらず，「やっぱり減った」という意

見が優勢なまま終了の時間が迫り，教員が児童たちを前の実験台の周りに集めて，実験してみることになった。その結果，やはり「54g」，電子天秤ではかっても「54.……g」。「本当は55gになるんだけどね。次回もう一度やってみよう」ということで授業が終了した。こういうことになるから，理科の研究授業は難しいと思われてしまう。簡単そうに見える実験でも，事前に同僚とチェックし合った方がよい。

その他にも，研究授業でよく見られるものに，普段はあまり使用しない模造紙や磁石つきのカードを黒板に貼ろうとしてもうまく貼れなかったり，上下可動式黒板を上下するときになって初めて，資料が引っかかってしまうことに気づくといったことが多いので留意する。

2分野を対象にした研究授業の場合には，種まきなど事前の準備や打ち合わせが必要なものがあるので，研究授業のことを念頭に置いて年間指導計画を立てたい。せっかくいいアイデアが浮かんで，研究授業として取り組もうとしても，準備状況や季節の関係で実施できないということになってしまう。例えば，中学校1年『生物の観察』では，校庭や学校周辺の生物の観察が行われるが，事前に事務職員などに相談しておかないと，観察日当日，草が刈られて観察できなかったということになりかねない。

8　使用する単位を確認しておこう！

ある研究授業で，体積の単位に［cc］を使ってしまい，後で指導主事から教員失格だと言われた例もあるので，使用する単位には気をつけたい。特に体積の単位は複雑で，体積だけに1/10を表すデシが出てきたり，家庭科では体積に［cc］，国語や算数では体積に「かさ」が使われたりして，児童・生徒は混乱している。リットルの記号も，従来は斜体のlが使われてきたが，立体のlまたはLを用いるようなった。

そこで，1960年に「一つの量に一つの単位」を目標に，国際単位系（SI）が採択され，日本でも1974年にSI単位が採用された。教科書は2002年改訂で，SI単位に統一して表記されるようになった。

7つのSI基本単位	組立単位（一部）
長さ：m（メートル） 質量：kg（キログラム） 時間：s（秒） 電流：A（アンペア） 温度：K（ケルビン） 光度：cd（カンデラ） 物質量：mol（モル）	周波数：Hz（ヘルツ） 力：N（ニュートン） 圧力：Pa（パスカル） エネルギー：J（ジュール） 電圧：V（ボルト） 電力：W（ワット） 電気抵抗：Ω（オーム）

　SI単位に統一されたことで，速さもkm/時・m/秒からkm/h・m/sとなり，力の単位はNとなった。

　以前は，力の単位としてg重・kg重が使われていたが，Nに代わってしまい，ベテランの教員の中には困っている人もいる。

> 1〔g重〕：1〔g〕の物体にかかる重力の大きさ
> 1〔kg重〕：1〔kg〕の物体にかかる重力の大きさ

上記のようにNよりもg重，kg重の方がわかりやすかったが，1〔kg〕の物体に1〔m/s^2〕の加速度を生じさせる力の大きさを1〔N〕としたので，「100〔g〕の物体にかかる重力の大きさが，だいたい1〔N〕になる」と説明するようになった。

　また，単位を確認する際には，以下のような接頭辞を覚えておくと，1〔L〕＝10〔dL〕＝1000〔mL〕，1〔m〕＝100〔cm〕＝1000〔mm〕のように変換できるので便利である。

10^{12} テラ（tera）T
10^9 ギガ（giga）G
10^6 メガ（mega）M
10^3 キロ（kilo）k
10^2 ヘクト（hecto）h
10^1 デカ（deca）da
10^{-1} デシ（deci）d
10^{-2} センチ（centi）c
10^{-3} ミリ（milli）m
10^{-6} マイクロ（micro）μ
10^{-9} ナノ（nano）n

9　板書計画をしっかり立てておこう！

　授業研究会では，小学校の教員からよく「板書計画はどうなっているのですか？」と尋ねられる。最近は，教育実習生でも学習指導案に板書計画を書くようになっており，板書には十分注意を払っておきたい。

　板書の際には，少なくとも以下の10点に留意しておこう。

①小学校では，1時間の授業の板書が，黒板1枚に収まるようにしよう。

②黒板の下側や両側の隅には，なるべく書かないようにしよう。

③後ろの座席からも見えるように，小さい字でも8cm角以上にしよう。

④チョークをしっかり押しつけるようにして，濃くよく見える字を書こう。

⑤チョークは見やすいように白と黄を主体にし，その他の色はアンダーラインや強調のために用いよう。

⑥目的・目標，学習課題などは，四角で囲むなどして強調しておこう。

⑦説明しながらの板書は，声が通らないので避けよう。

⑧児童・生徒の意見は，要点を整理し，対立意見は分けて，後で読んでもわかるように書いておこう。

⑨筆順や送り仮名を間違えないようにし，続け字で書くことは避けよう。

⑩黒板消しは上から下に動かしてチョークの粉が飛び散らないように消そう。

目的・目標 ・・・・・・・・・・・・・・・ 学習課題 ・・・・・・・・・・・・・・	重いものほど 早く落ちる ・・・・・ ・・・・・・・	どちらも同じ ・・・・・ ・・・・・・	軽いものほど 早く落ちる ・・・・・ ・・・・・・

実験・活動の手続き
・・・・・・・・・・・・・・・・・・・・
・・・・・・・・・・・・・・・・・・・・
・・・・・・・・・・・・・・・・・・・・

まとめ
・・・・・・・・・・・・・・・・
・・・・・・・・・・・・・・・・

10 学習指導案の書き方

　教育および授業は，ある一定の目標を達成するための意図的でかつ計画的な活動である。そのため，授業の意図と計画を明確にする必要がある。この意図と計画を記したものがまさに学習指導案である。学習指導案という形式に表した明確な計画があってこそ，実施する授業の構造を自分以外に説明することができ，さらには，授業後振り返って実施した授業の評価を行うことができる。では，学習指導案を書くためにはどのような準備が必要となり，学習指導案にはどのようなことを書き，そして，学習指導案を書くときのポイントは何か考えてみよう。

　　（１）　学習指導案を書くために考えること，準備すること

　まず自分自身がどのような授業をしたいのかイメージすることが大切である。そのイメージとは単純に「楽しい授業」とか「分かりやすい授業」と考えるのではなく，どのような活動を授業に取り入れたいかイメージした方がよい。例えば「理科授業の中に電池を用いた科学おもちゃなどのものづくりを取り入れた授業を実施する」など，授業の中心的な活動をイメージすることが挙げられる。その際，実施したい授業のイメージだけでなく，これだけは実施したくない授業のイメージを持つことも大切である。例えば，「先生が一方的に解説している授業」，「観察や実験の活動が全くない授業」，「授業の目的やねらいが明確ではない授業」などが実施したくない授業として挙げることができるのではないだろうか。

　初任者や教育実習生などが授業を行い，残念ながら授業が計画通りに実施できなかった場合，その理由を授業者に尋ねると，「準備が不十分でした」，「時間があまりありませんでした」と答えることが多い。ではそのときの準備とは何を指すのか，そして準備にはどのような工夫をすればよいのか，以下の四つの視点から考えていきたい。

　① 学習内容・学習課題について　　教員が教授すべき内容，生徒が学習すべき内容は，原則的に文部科学省が定めた「学習指導要領」の内容である。この学習指導要領に基づきすべての理科教科書が開発されている。教科書の中で示

されている課題，説明，観察・実験は，「学習指導要領」で示された目標を達成するためのものである。教科書によっては，単元で設定した観察や実験の種類が異なる。いろいろな出版社の教科書を比較することも授業準備として重要となる。少なくとも3社程度の教科書を比較するとよい。教科書の多様性を理解できるとともに，その単元の教材研究ともなる。

② 授業における生徒の反応について　授業中の教員の発問などに生徒がどんな反応をするのか事前に検討しておく必要がある。生徒の予想外の反応に戸惑ったりすることもあろう。その一方，生徒から思い通りの反応があると「これ幸い」と思い，他の生徒の多様な意見を無視したりして授業を進めてしまう。生徒が授業の課題や教員の発問にどのように答えるか，取り組むかを予想することは非常に難しい。しかし，ここはあえて理科が苦手な生徒や理科にあまり興味がない生徒がどのような反応をするか考えておきたい。

③ 授業における時間配分について　通常，中学校の授業は50分である。その50分間の授業の中で一定の目標を達成しなければならない。具体的には学習指導案に書き入れた「本時の目標」を達成することである。そのため，教員と生徒の一つひとつの活動の時間を事前に検討しておく必要がある。そのとき，できるだけ授業中の活動を細分化し，それぞれの時間を検討することをお勧めする。例えば，教員は，理科実験室を一周するにはどのくらい時間がかかるのか。クラスを四人1組，12組のグループに分かれて実験を実施することとした場合，1グループあたりどのくらいの時間で個別指導すると，クラス全体でどの程度かかるのか，を事前に考えておく。理科の授業で見過ごしがちな活動として，理科実験の準備と後片づけがある。生徒実験を計画した場合，生徒たちの活動は，教員が想像する以上に時間が経過する場合が多い。生徒の安全面を確保する観点からも，授業の中で理科実験の準備と後片づけにも十分な時間を確保しておきたい。

④ 生徒の評価について　これまで述べてきたように，教育や授業は，意図的で計画的な活動であるため，教員の意図がどの程度達成できたのか，授業が計画通り実施されたかなど，その達成状況を明確にしなければならない。

その際，達成状況を測定するための規準や基準が必要となろう。日本の場合，中学校理科では，「自然事象への関心・意欲・態度」，「科学的な思考・表現」，「観察，実験の技能」，「自然事象についての知識・理解」の四つの観点に基づいて絶対評価を実施することとなっている。通常1クラス40人程度であろうが，それら生徒全員について評価を実施し続けることが多くの時間と労力を必要とする。そこで，実際は，1授業時間あたりに1～2観点の評価観点として設定する。一つの単元を通じて4観点での評価が実施できればよいと考えるべきである。1授業時間中の評価方針としては，それも授業中に評価しなければならないようなもの，例えば，生徒が教員の発問にどの程度積極的に取り組んでいるかなどと，授業後でも評価できるもの，授業中に配布したプリントへの記述内容などを組み合わせて実施するとよい。

（2）学習指導案の構成と記述のポイント

学習指導案の書式や構成は，確定的なフォーマットが規定されているわけではない。理科授業を想像してみればわかることであるが，授業を構成する要素は非常に複雑で多様である。たとえ教育内容や形態に限って考えてみても授業の様子は非常に多様となる。この授業の多様性に対応するため，授業の計画書である学習指導案の形式も多様なのである。学習指導案の形式は，各学校，もしくはその学校のある地域，学校の教科主任によって異なる。しかし，すべての学習指導案は，50分の授業をどのような目的で，どのように実施するかを示した計画書であるため，学習指導案に書くべき内容は，実質的に同じであると言えよう。学習指導案を作成するときは，これまで自分が作成してきたものを参考としながら，それぞれ当該学校の学習指導案のフォーマットに従って作成することになろう。良い学習指導案の前提条件は，そこに書かれている内容よりもむしろ，ある一定のフォーマットの中で書くべき内容を決められた枠組みの中で書かれていることである。そのことがよりよい学習指導案を作成するための第一歩である。もし，書くべき内容が書かれていない場合，どんなに適切な観察・実験活動を含んでいようとも，相手に自分の意図と計画が十分に伝わらず，よい学習指導案ということにはならない。ここでは，比較的一般的な指

導案の様式（後述の指導案例の様式）に従い，記述のポイントを解説する。

① **単元名，単元について**（この単元はどのような内容なのか明確にする）　単元名では，学習指導要領で書かれている内容名，もしくは教科書の中に書かれている単元名を記入する。「単元について」の項目は，「単元観」とも言われる項目である。ここでは，当該単元で扱われる教育内容および教材について解説する。この内容および教材と生徒がこれまでに学習した内容との関わり，さらには，この単元の内容が今後の学習でどのような発展をするか，という理科カリキュラムの中での他の教育内容との関連性について言及しておきたい。その他「生徒の実態」もしくは「生徒観」では，この単元を教授するにあたり，この単元で取り扱う内容に対して生徒がどのような認識を持っているか，理科の場合，生徒がいかなるミスコンセプションをどの程度の割合で保持しているかを確認したい。その調査方法として，アンケート調査やインタビュー調査などを用いる。ここで得た生徒の認識状況に関する情報は直接的に単元の進行に役立てることができる。

② **指導目標，指導計画について**（単元全体を見通す計画を作ること）　指導目標と評価基準を計画的にまとめる必要がある。指導目標は，生徒の実態や学習内容，特性などをもとに四つの観点を踏まえ，単元を通しての指導目標を具体的に記述しなければならない。評価規準は，指導目標を踏まえ，観点別に設定し，概ね理解できている生徒の学習状況を書くことがポイントになる。つまり単元の達成目標を設定することである。単元の指導計画について，時数（○次，○時），各時間の主な学習内容と学習活動の配列，評価の観点などを簡潔に記述する。

③ **本時の指導について**（授業の主題を明確にすること）　授業の主題を明確にさせることとは，この授業で何をするのか，授業の目的は何か，さらに言えば，50分の授業後に生徒にどのようになってほしいのか，この点をはっきりさせることである。例えば，「力学的エネルギーの性質を調べよう」などが考えられる。その他，授業の主題と深く関わるのが「発問」である。既習事項を想起させる発問，説明・解説を求める発問，予想・仮説を求める発問等，発問の

第○学年○組　理科　学習指導案
指導者：　筑波太郎
授業者：　千葉花子
教室：　理科実験室
単元名
単元について
単元観・教材観
生徒の実態（男子　○名，女子　○名，計　○名）
指導観（指導の手立て）
指導目標
・評価規準
指導計画

時間	ねらい	学習活動	支援の手立てと留意点，評価
1			
2（本時）			

本時の指導
目標
展開

学習過程	学習活動と内容	時間配分	教員の支援と留意点，評価	教材・資料
導入				
展開				
まとめ				

主な教材（準備するもの）
生徒への注意事項
板書計画

（常磐大学　鈴木宏昭）

図1-2-3　学習指導案の例

種類・難易度に配慮し，それぞれの学習進度の子どもに応じた適切な発問をして，授業の中で，クラスのすべての子どもの思考活動が動機づけられるようにする必要がある。

その他，授業の中により多くの理科実験を導入する必要がある。理科の授業においては，実験・観察が重要な位置を占める。そのため，実験や観察をどの程度の規模や形式で実施するかは，理科授業において重要なポイントである。生徒実験，グループ実験にするかによって，用意する教材の量，授業の時間配分に大きな影響を及ぼす。したがって，実験・観察の規模と形式，また，それらの活動が授業展開のどこの時間帯に導入するかを決定しなければならない。

④ **板書計画について**　　授業でどのようなことを，どのように板書するかを示すものである。逆に言えば，板書を見れば授業の中で教材・内容がどのように展開されたかがわかるものである。多くの生徒は，黒板をそのままノートに写すことが多い。生徒が復習したり，さらに授業の内容を詳しく調べたりするとき，このノートが重要となる。そのため，教員が黒板をどのように活用するかによって，生徒のノートは大きく変化する。極端な話，教員の黒板により，生徒の学力にも影響を及ぼすこととなる。特に，現行の学習指導要領では，観察や実験の結果をまとめて記述する活動が強調されている。そのためのノート構成を理科教員として考えていかなければならない。

コラム②　授業研究は楽しい？

　附属小というと，「夜遅いでしょう？」「研究授業などがあって大変ですね」とよく言われる。確かに一つの授業を作るために4ヶ月あまり悩み続ける。「こんな授業をしたい」と授業の構想や指導案を考えても，校内の仲間や講師の先生に白紙の状態に戻されてしまうこともざらである。しかし，これらのことは本当に「大変なこと」なのだろうか。

　公立の学校にいた頃の授業研究と比べてみて，公立の学校のよさと附属小のよさはそれぞれあった。そこで，私の感じている附属小の授業研究でのよさについていくつか紹介する。
① 指導案を書く前に「構想」という授業の概要を吟味する過程があること。
② 様々な教科の仲間と吟味する「班別指導案吟味」があること。
③ 研究授業において，抽出児童を中心として授業展開を議論すること。

指導案を書く前に「構想」という授業の概要を吟味する過程があること。

　公立の学校では，校内授業があるときには校内での話し合いが2回ほどある。1回目の話し合いまでに，指導案をある程度仕上げた状態で臨む。しかし，指導案を全部書き上げることで精一杯で「どんな単元構成にしたい」「本時でどのようなことをしたい（本時の研究テーマ）」「本時でどのような児童を目指すのか」「目指す児童像に対してどのような手立てをうつのか」という4点が明確になっていないことがあった。特に本時にどのようなことがしたいのかという主張が薄かった気がする。だからこそ，1回目の話し合いは4点（単元構成，本時の研究テーマ，本時の目指す児童像，本時の手立て）に絞った「構想」について話し合うことが大切である。

様々な教科の仲間と吟味する「班別指導案吟味」があること。

　附属小では，様々な教科を研究している。そのこと自体も魅力の一つである。しかし，どうしても専門の教科のことばかり考えているために，視野が狭くなってしまっていることがある。そこで，5～6人の様々な教科の仲間が集まって「構想」「指導案」を吟味する過程がある。専門の教科でなくても，小学校の先生はすべての教科を教えていることや目の前の児童を指導している立場として，意見や代案を考え合うことができるのである。また，私の場合は，理科の教科を中心に研究しているので，どうしても理科特有なマニアックな世界に入ってしまう。そんなときに他教科の先生から「言葉がわかりにくい」，「この教材を提示するとこんな反応を児童はすると思うよ」など客観的な意見がいただける。これこそ，公開研究会などで提案するときには参観者の方にどれだけ理解していただけるかがわかるのである。

> 研究授業において，抽出児童を中心として授業展開を議論すること。

　研究授業では，抽出児童や抽出グループの変容から授業を議論する。特に，同じ抽出グループを複数の教員で見て議論することも多い。同じ抽出グループや抽出児童を見ていても，教員の見方や考え方によって児童の変容についての考えが異なることもある。そのような議論こそ，日々への教育実践に生きる話し合いであると考える。確かに「役に立ちました」「よい授業を見せてもらいました」といった慰労を表す発言は少ない。時には，ぼろぼろに言われることもある。しかし，研究授業は授業後に振り返ることが次への授業につながるのである。

　附属小の先輩に「公開授業研究会は楽しいぞ」「研究授業のことを考えることが一番楽しい」と言われたことがある。未だに私は公開授業研究会のことを考えていると憂鬱になってくる。公開授業研究会の後に失敗に打ちひしがれることばかりである。でも，ここでどうにかしなければ，いつまでたっても授業はうまくならない。日々精進である。

（千葉大学教育学部附属小学校　田中秀明）

③ 観察・実験について

1 理科の学習環境整備

　理科の学習環境整備は研究授業の準備だけでは済まされず，日頃より気を配らなければならない。ここでは，日頃より気を配っておく必要がある点と，研究授業で特に気を配らなければならない点に分けて指摘する。まずは，そもそも理科の学習環境を整えるためには何が必要か考えてみよう。

〈理科の学習環境を整えるためには何が必要か？〉

　理科では，各学年の内容を通じて観察，実験や自然体験，科学的な体験を充実させることによって，科学的な知識や概念の定着を図り，科学的な見方や考え方を育成するように配慮する必要がある。理科の学習環境を整えるためには，地域の特色を生かし，他教科との連携を図りながら児童・生徒の学習活動が主体的になるように展開を工夫できるよう，また，学習活動を充実させるために各学校の実態に応じた学校全体の指導を見通した指導計画等が必要となる。

〈学習指導要領ではどう触れられているのだろうか？〉

　学習環境の整備については，もう一つの視点として理科教育の経営・制度・行政の分野等様々なものが考えられるが，本書では，学習指導要領の「指導計画の作成と内容の取り扱い」を参考にしながら考えを深めたい。

　小学校，中学校，高等学校の指導要領における表記はそれぞれ異なるが，趣旨は一致している。例えば，中学校の学習指導要領の指導計画作成上の配慮事項では，「(1)指導計画の作成(2)十分な観察，実験の時間や探究する時間の設定(3)ものづくりの推進(4)継続的な観察などの充実(5)博物館や科学センター等の連携(6)道徳などとの連携」が挙げられている。また，高等学校学習指導要領「内容の取り扱いに当たって配慮すべき事項」では，「1　思考力や判断力，表現力を育成する学習活動の充実　2　生命尊重と自然環境の保全　3　事故防

止，薬品などの管理及び廃棄物の処理　4　コンピュータなどの活用」を挙げている。

　これら一つひとつは，理科の学習環境を考える重要な視点である。挙げられている項目それぞれについて，学校生活全体を見通して恒常的な整備の必要がある。研究授業の日だけ整備をしたのでは追いつかないことは明らかである。ここでは，1．日常の視点と，2．研究授業に視点を置いた理科特有の学習環境整備として，(1)思考力や判断力，表現力を育成する学習活動の充実のための整備　(2)理科室，実験室，理科準備室，生物教材園等の整備　(3)教具や備品・消耗品，薬品などの管理　の3点について述べる。

　　（1）　思考力や判断力，表現力を育成する学習活動の充実のための整備
　①　**日常の視点**　　学習活動充実のためには，クラスの雰囲気づくり，生徒との関係づくりが大切な要素となる。また，研究授業に向けて，日頃より生徒の理解の度合い，生徒個々人の特徴を把握しておく必要がある。

　思考力や判断力，表現力を育成する学習活動は，年間計画で段階的，系統的に培っていく必要がある。実験室で，観察・実験をどのように進めていくのか，まとめていくのか，そのための年間を見通した学習環境の整備が必要である。初期段階から生徒にしっかりと意識をさせて，個人で行う場面，協働的に行う場面を具体的な事例を用いながら指導しておく必要がある。

　②　**研究授業での視点**　　研究授業では，授業終了後に研究協議が行われる場合もあるので準備を行っておく必要もある。研究協議では，自分の授業を多角的な視点，課題となる視点から指摘していただくためのアンケートやチェックシート，課題となる視点を定めた見学評価シートを配布するなどの工夫もする必要がある。

　　（2）　理科室，実験室，理科準備室，生物教材園等の整備
　①　**日頃の視点**　　各学校の理科室，実験室の現状は，校舎配置や設計，児童・生徒の人数や学校規模，教員の意識などによって様々である。理科学習指導では理科室，実験室での活動は不可欠であり，その機能を十分に活用し，学習環境の充実を図れば，観察・実験を効果的に行える授業展開が可能となる。

理科室，実験室に常備し，児童・生徒の目に触れてもよい実験器具と，教員が管理をし，準備室に収納する実験器具を仕分ける必要がある。実験室・理科室は，理科以外の教科や活動でも利用されることがある。同僚とともにいつでも使えるように安全面を一番に考え，機能的でかつ整理の行き届いた理科室を作り上げる必要がある。

② **研究授業時の視点**　研究授業では多くの方々が授業を参観する。研究授業の場としての機能を果たせるように準備をしておく必要がある。教室内の清掃整備はもとより，参観者の授業感想アンケートの準備や参観者がどの場所で見学するのか，必要に応じて椅子の準備なども行う必要もある。

（3）教具や備品・消耗品，薬品などの管理

① **日頃の視点**　学校教育法や各学校の設置基準にもある通り，各学校では指導上必要な種類と数の校具や教具を備えていなければならず，それらは，常に改善し，補充しなければならない（小，中学校設置基準第11条，高等学校設置基準第12条）。また，昭和28年に制定された理科教育振興法に基づき，「理科教育に関する施設又は設備を整備しその充実を図ること」が謳われている。日本理科振興協会では平成20年度，21年度から始まった学習指導要領に基づき必要な品目のリストなどを作成し，各学校での整備を呼びかけている。理科担当者や理科室をあずかる教員は責任を持って管理・運営を進めるべきである。また，管理・運営は，管理者，使用者個人だけの問題ではなく，教員の異動等があっても常にその学校の年間指導計画が遂行できるように，必要な器具・薬品の種類や量を算定した後，年間予算に対応できるように，考慮して購入するべきものを見積もるようにする。年間で使用した消耗品名や量，廃液などの廃棄物の記録を残し，管理することが必要である。在庫を確認することで，必要なもの，必要な量をリストアップし，事務関係担当職員と連絡を密に取ることを徹底したい。

② **研究授業の視点**　購入した備品消耗品の管理は，必要なときにいつでも取り出して実験・観察ができるようにしておくことが重要である。そのためには，年間指導計画に基づき，また，学年と指導内容を加味しながら，主な実

験ごとに備品を配置しておくと便利である。その際，コンテナやかごなどを利用してまとめて入れておき，授業の実施と対応する実験名がわかるように保管し，整備しておくと良い。

2　危険の回避を！

（1）　学習指導要領での取り扱い

　学習指導要領解説には「理科の学習における観察や実験，野外の観察などの活動は，科学的な知識を身につけたり，科学的に探究する能力を育てたりする上でも重要なものであり，また，観察，実験の技能は，実際にそれらの活動を行ってはじめて習得されるものである」「事故を心配するあまり，観察，実験を行わずに板書による図示や口頭による説明に置き換えるのではなく，観察，実験を安全に行うことで危険を確認し，回避する力を養うことが重要である」とある。危険を確認し，回避する力を養う原理として，危険には，①実験室など既存の環境自体が内包している危険と，②観察・実験活動によって生じる危険があり，①，②について危険の回避についてイメージを持ち，安全管理について考えておく必要がある。

（2）　実験室での危険の予知がどれだけできているか

　①　**実験室など既存の環境自体が内包している危険**　これについては，日頃の教員の安全管理が重要である。日頃から確認が必要な箇所の一例を表1-3-1に示す。

　②　**活動によって生じる危険**　活動に応じる危険についての意識づけは，むしろ日頃の指導や実験室での活動において意識的に取り組んでいくことが必要となる。活動によって生じる危険を回避するために，日常から培っていくべき心構えについて触れる。まず，何よりも重要なことは，児童・生徒の理解状況，行動状況を把握して常にイメージを持っておくことであろう。そのためにも，理科担当として担任や周りの教員に担当する児童・生徒の状況を確認する必要がある。また，授業を通じて，児童・生徒が自らの安全を守る態度を育てることも必要になる。さらに，安全に配慮した指導計画を立案し，子どもの立

表1-3-1 安全管理のためのチェックリスト

対象		主な点検	日頃のチェック
実験室	水道設備	「台付化学水せん」の水道管の長さ，太さの把握	
	ガス設備	元栓の確認，ガス管のチェック	
	電気設備	コンセントの位置把握，ブレーカーの位置把握	
	実験台	整理整頓，天板の破損や穴	
	ドラフトチャンバー	整理整頓，ドラフト内の電気，水道，ガス設備確認	
器具・薬品	実験備品	数の確認，不備のチェック，予備の準備	
	実験教具一般	数の確認，不備のチェック，予備の準備	
	ガスバーナー	調節ねじの確認，ガス管の状況の確認	
	ガラス器具	保管場所確認，数確認，不備チェック，予備の準備	
	薬品・試薬	保管場所確認，量確認，不備チェック，予備の準備	
	台帳整理	薬品台帳，備品・器具の台帳の整理	
	廃液管理設備	種類と量，業者との連絡	
野外敷地内・敷地外共通	活動計画，事前指導	活動時間や指導体制，生徒把握の総合的な点検，事前指導	
	活動場所の設定	活動場所の危険箇所（河川，道路等）のチェック	
	活動場所までの移動	移動手段と移動中の危険箇所の把握	
	危険な場所	危険が予想される場（崖，急流等）の把握	
	危険な動物・虫・植物	スズメバチ，アブ，有毒植物等の把握	
	天候，気温等の基本条件の把握	天候の変化，気温の変化等の把握	
安全支援体制	学校への実施連絡	管理職，養護教諭への事前の連絡	
	引率者の確保	協力者，引率者の依頼（必要時）	
	生徒・保護者への連絡と承諾	実施の周知，および，持ち物，服装（長袖など），帽子，手袋などの指示	
	応急箱の準備	絆創膏，包帯，はさみ，脱脂綿，消毒液，安全ピン洗顔液　等	
	応急処置の知識	緊急時の対処についての理解，対処法の習得	
	応急時の連絡体制	管理職，養護教諭への連絡，保護者への連絡	
	緊急時の避難場所	場所の熟知，緊急事態発生時の避難場所の把握	

③ 観察・実験について　53

場に立って予備実験を行い，子どもの視点で実験内容を理解し，解釈しておく必要があろう。

活動によって生じる危険の把握や回避として理科実験室における図1-3-1「危険図」を用いて演習をしてみたい。この図を見て，実験室でやってはいけないことをいくつ見つけられるか，教員自身はもとより，児童・生徒にもためしてみるとよい。つい見過ごしていた児童・生徒の危険行動や，実験室に潜む危険性について考えることができ，ひいては，危険回避につながるものと考えられる。また，児童・生徒がこの図を見て自分たちで考えて回答することで，児童・生徒自身の日頃の実験室での行動を省みることができ，どのような行動をするべきか，してはいけないのかについて考えるきっかけを与えられる。さらに，児童・生徒の回答を分析することで，個々の子どもの特性や，実験室の危険予知や安全指導の盲点を指導者として把握することができるものと思われる。

（作　四天王寺羽曳丘高等学校　高野裕恵教諭）
図1-3-1　危険図
実験室でやってはいけないことをいくつ見つけられますか？

（3）危険回避の要点

図1-3-2に回答例を示す。一つひとつ，何がいけないのか，しっかりととらえながら，考えてみると，普段，見過ごしがちになっている危険がいくつも含まれていたり，慣れてきたが故に起こりうる危険を示唆してくれる。経験上，観察・実験の授業で特に気を配って欲しいことを二つ挙げておく。一つは，どんな実験でも実験ゴーグルを装着する義務，習慣を養って欲しいということである。事故は過信や侮り想定外のときに発生する。筆者も2度ほど生徒の眼の怪我に遭遇したが，双方とも結果的にはゴーグルをかけていれば安全を

54　第一部　研究授業に向けて

（作　四天王寺羽曳丘高等学校　高野裕恵教諭）
図1-3-2　危険図
実験室でやってはいけないことをいくつ見つけられますか？

確保できていた。実験室ではゴーグルを装着し眼の安全を確保するように心がけたい。もう一つは白衣の前のボタンは，必ず閉めることである。図にあるような，前ボタンをかけていない白衣で実験器具等を引っかけて倒してしまうなど，想像を超える事故にも発展してしまう危険が潜んでいることを添えておく。

3　必ず予備実験を！

　単元全体もしくは1時間の授業における基本的な流れは，教科書の流れに依拠する場合が多いだろう。それは，教科書が主要な教材として位置づけられていることに加え，教科書において取り扱われる内容やその配列，子どもの学習活動などは，各教科書会社による入念な検討を経てきたものであることを物語っている。特に，教師用指導書では，指導内容についての解説，指導のポイント，実験活動のための準備物，安全上の注意事項など，理科指導に有用な情報が多数提供されており，それらは授業計画にとって大いに役立つだろう。それでも授業計画にあたり，予備実験が必要となるのはどうしてなのだろうか。

　　（1）　授業の円滑な進行のために

　自然事象は様々な変数から影響を受けており，実験活動を通して「何を」そして「どのように」見出すのか慎重に計画しなければ，実験活動は成立しない。それは，小中学校で扱われている実験活動でも例外ではない。むしろ，大学等の実験室と比較して，実験器具や設備が不十分な小中学校での実験活動の方が，その成立は困難と言えるだろう。すなわち，複雑さという自然事象の性

質や人間の活動という不確かさのために，意図した実験結果を確実に獲得できるとは断言できずに，予備実験をする必要が出てくるのである。そして，予備実験の結果から，予定通り授業を進めるための指導上の課題が浮かび上がることになる。「理科はやってみないと分からない」とは，簡潔でありながら理科の本質を突いた表現と言えるだろう。

　授業を円滑に進めるために，予備実験で確認すべき観点は多様であろうが，以下にその一例を示したい。観察のための予備的活動についても予備実験として話を進めることにする。

　① **結果の明瞭性**　実験結果が子どもにとってわかりやすいものであれば，子どもは実験結果から，自らの見方や考え方を深めることができるだろう。しかしながら，すべての実験活動においてそのような明瞭な結果を得られるとは限らない。例えば，手回し発電機の回転数とコンデンサーにためられた電気を用いた車の走行距離の関係を探究する場合，手回し発電機の回転数を2倍にしたとしても走行距離は2倍になるとは限らない。むしろ，手回し発電機の回転のさせ方によっては，走行距離が短くなることさえある。このような可能性を予備実験において把握しないまま，そのような事態が授業で生じた場合，教員は適切に対応できずに授業が円滑に流れないこともありうる。他にも，ヨウ素液をジャガイモに垂らすと青紫色になると表現されるが，実際は黒色に近い。この事象について既に知識を持っている大人にとっては，その色を青紫色と解釈することは容易かもしれないが，学習途上にある子どもたちにとっては学びの障壁となりかねない。予備実験が，「この色がヨウ素デンプン反応における青紫色」であることについて授業で触れる必要も認識させる機会を与える。

　② **実験操作の難易度**　1時間の授業の中で，問題把握，実験，そして考察まで行うのは容易なことではない。特に，実験操作が複雑な場合は，子どもたちは操作の意味もわからぬまま実験活動に取り組み，要領を得ず時間だけが過ぎていくこともある。例えば，記録タイマーを使い台車の運動と台車に働く力の関係を探究する場合，斜面上の台車にかかる斜面方向の力をばねばかりを用いて2地点以上で測定し，次に記録タイマーを用いてテープに記録し，その

記録テープの基準点を決め，一定の打点数ごとに切り取り，記録用紙に貼り付ける。さらにこの一連の操作を，斜面の傾きを変えてもう一度行う。この実験活動では多くのステップが含まれているだけでなく，台車にかかる斜面方向の力を2ヶ所以上で測る意味や，一定の打点数で記録テープを切る意味など，操作の意味自体も簡単なものではない。予備実験をすることによって，具体的にどの操作が難しいか，どのくらい時間がかかりそうか，そしてそのためにどのような手立てが必要かということを把握することが求められる。また，前項で述べたように，危険を伴う操作をあらかじめ把握することも重要である。

③ **必要な実験器具とその数**　予備実験を行うことで，実際の授業において必要な実験器具およびその数や量を確認することが求められる。例えば，ミジンコを観察する予備実験において，スライドグラスにミジンコを置きカバーグラスをかけると，ミジンコがつぶされてしまう。そこで，ホールスライドグラスを準備する必要が生じる。さらに，ミジンコが動き回り観察が困難となれば，動きを制限するために水を吸い取るための濾紙を準備する必要も生じる。また，実験活動によっては，予備として十分な数の実験器具等が必要な場合があるだろうし，個人実験をするかグループ実験をするかによっても，準備する実験器具等の数量は異なる。予備実験における具体的な操作を通して，実際に必要なもの，そしてそれらの必要な数を想定できる。

④ **教材の事前準備**　実験活動の準備には，実験棚から実験器具を出せば済むものもあれば，授業において観察したい状態まで生物を育てるなど，ある程度日数が必要なものもある。例えば，メダカの卵の変化を観察させたいならば，授業日から逆算して，採卵日ごとに受精卵を確保し育てる必要がある。比較的準備に時間のかからないものとしては，光合成の実験のために日光にあてない葉を前日から用意することや，露点を調べる実験のために室内と同じ温度の水を用意することなどがある。いずれにしても，授業だけではなく，予備実験をするためにも必要な準備という意味で，準備のための準備でもある。それらは授業直前に気づいても間に合わないため，早い段階で予備実験をする必要があることに気づかされる。

（2） 理科の楽しさを味わうために

　授業を予定通り円滑に進行させるためには，授業計画を緻密に検討しなければならず，予備実験がその一助になることを述べてきた。しかしながら，予定通りに授業が流れ，時間通りに終わることが，子どもが授業から何かを学び，授業を受ける前に比べて高まりがあったことを必ずしも意味するのではない。学習活動が子どもの学びに真に結びつくよう，子どもの心を揺さぶる場面を設定し，本当に解決したいと思う問題意識を持たせることで，実験活動へのコミットメントを高めるような手立てが必要なのである。例えば，学習指導要領において求められている言語活動の充実を図るために，多くの子どもを指名して発言させる授業を挙げる。このような授業では，子どもから同じような発言が繰り返されるだけの場合がある。なぜなら，言語活動を通して，子どもらの発言をつないだり，比較したりすることにより，洗練した考えに高めようという発想が十分ではないままに授業が進められているからである。子どもに発言させることでテンポ良く授業は進むが，それが子どもの学びに結びついているとは言い難い。科学的事象について「書きたい」，「言いたい」と子どもに思わせる鋭い切り口を持った事象提示や問いかけが必要になる。

　そのためには，まず教員自身がその鋭い切り口を教材に見出す必要があり，指導内容および教材についての深い理解が必要となる。白井らは，小中学校での理科指導は，それ以降で行われる各専門科目の指導に比べて，はるかに苦心を要することを指摘している[1]。理科指導では，教員がそれぞれ物理学，化学，生物学，地学などに関して覚えたことをそのまま話をするのではいけないのであって，それぞれの専門学問を本質的によく理解していなければならないからである。その上で，理科教育の目的を達成するための根本的な要素は，教員自身の教材についての十分な研究と理解とであるという。この教材研究の必要性は，実際に実験をせずに生じるものではない。例えば，植物の呼吸を確かめる授業のための予備実験を挙げる。この予備実験では，密閉できる透明な二

1）　白井俊明・田辺秀雄「化学教材の研究」永田義夫・梅根悟・宇井芳雄・谷口孝光・細谷俊夫編『理科教育講座3』誠文堂新光社，1954, pp. 138-139。

つの袋にそれぞれ大量の葉を入れ，一方を明るいところにもう一方を暗いところに置き，2，3時間後に気体検知管を用いて酸素濃度や二酸化炭素濃度を測定した。この予備実験をした教員は，明るいところに置いた袋の酸素濃度は光合成の影響で高くなり，暗いところに置いた袋の酸素濃度は呼吸の影響で低くなるという結果を期待していた。ところが実際には，明るいところに置いた袋の酸素濃度は少し低くなっていたのである。実験が失敗した可能性も考えたが，次に暗いところに置いた袋を測定してみると，酸素濃度はもっと低い値を示していたのである。ここで今一度，袋の葉の様子を見たところ，袋いっぱいに葉が入っていたため，その袋は明るいところに置いていたにもかかわらず，大部分の葉に光はあたっていなかったことが明らかになった。これらのことから，この実験ではどの位の量の葉を入れるのが適切か，光量はどの程度必要か，どのくらい時間をおけば明瞭な結果が出るのか，どの植物の葉が適しているのかというように，教材研究の必要性とともに教材研究の視点が出てくる。このように，予備実験は教材研究の入り口にもなりうる。

長谷川は，教材研究の眼目は，「子どもと教材との実り豊かな出会いをいかに演出するかということ」[2]であるとして以下のように説明している。

「実り豊かな出会いというのは，子どもが教材に対して心にひびくような学びの体験を引き起こすことである。出会いは普通人間関係について語るのであるが，物事との出会いをも含めて考えることができる。そこでの出会いの本質は，心にひびき，心を動かすことにある。ここには，心に触れる，心をときめかせる，心にしみこむ，心をゆさぶる，心がふるえるなど，心にひびく度合いには深さの違いがある。心にひびくことが起これば，教材の本旨は果たされよう。子どもが教材と交流して，教材が心にひびき，心を動かしてこそ学習活動が旺盛になり，その効果が上がって実りを結ぶのではないかと思われる。教材を選択し，教材を組み立て，教材を提示する眼目は，子どもの心にひびく教材を開発することにある。」

2） 長谷川榮『教育方法学』共同出版，2008，p. 170。

そのためには，少なくとも教員が構成する教材に魅力を感じ，心を動かすことが大切であるということも述べている。なぜなら，教員が教材に心を動かさずに構成し提示しても，子どもはその教材に心を動かさないからである。教員が教材を楽しまずに子どもに提供することは，卑近な例ではあるが，良い食材を用いているにもかかわらず，その素材を活かした調理をせずに，しかもおいしいとも思わずに，他の人に半ば強引に「おいしい」と言わせるようなものである。子どもに対して教材についての感動を求めるならば，それ以前に教員がその感動を体験していなくては伝えられない。教材研究それ自体を楽しむことが，授業を考える上で本質的に求められる。

　これまで述べてきたことは，子どもの心に響くような壮大な視点を教材研究から得なければならないと気後れさせてしまうかもしれない。しかしながら，教材の魅力に迫るちょっとした切り口さえ得られれば，授業づくりには十分である。むしろ，理科の楽しさは案外素朴なところにある。例えば，理学専攻の院生が行ったヨウ素デンプン反応についての教材研究を挙げる。この院生は，ヨウ素デンプン反応で用いるデンプンとしてどの素材が適しているか探究をしていた。その院生が片栗粉にヨウ素液を垂らしたとき，その色を見て「感動した！」と声を上げたのである。すなわち，片栗粉のヨウ素デンプン反応の青紫色がその院生の心を動かした瞬間であった。理学専攻の院生であり，当然，ヨウ素デンプン反応を理解しているにもかかわらず，このような感動を得たのである。もちろん，この感動をどのように授業に活かすのか検討する必要はあろう。ただ，彼は授業を考える切り口の一つを教材研究から得たのである。理科では具体物を使って教材研究を行えるため，その教材が持つ魅力を比較的感じやすいと言える。そういう意味では，予備実験は，教員が教材を楽しむ大きな一歩となるだろう。

　教材研究は，教員自身の探求の姿勢があってこそ初めて意味をなす行為であると芝山は指摘している[3]。この基本を忘れて，授業の具体的な方法を追求し

3）　柴山英樹「シュタイナー教育論における教材研究論の意義」日本教材学会編『「教材学」現状と展望上巻』2008, p. 62。

ても結局それは，子どもの心に響かない授業にならざるをえない。教科書通りに指導した授業でも良い授業はあるだろう。ただし，それは教科書の流れに見られる教材の魅力を教師がとらえている場合のみである。授業の核心をつかむ予備実験でありたい。

4　苦手分野は他の人の知恵も借りよう！

　授業者の責任で授業を計画し実践することで，自分自身の指導上の問題点が明確になり，それを改善するために努力を重ねることが，教員としての力量を高めることにつながる。ただし，それを前提としながらも，個人が持つ知識や経験は限られていることから，他の人に相談することは授業づくりの幅を広げる契機となるだろう。また，自分自身の指導計画を批判的に検討することは容易でないことからも，他の人に相談することは重要である。特に，自分自身が苦手と感じる分野や内容に関してはなおさらである。

　授業づくりに関して最も身近な相談相手は，勤務校の同僚であろう。中学校や高等学校の教員であれば相談相手は理科教員であり，小学校教師であれば相談相手は理科に詳しい教員となるだろう。場合によっては，算数や数学など他教科を専門もしくは得意とする教員に相談することもありうる。同僚であれば，その地域の理科素材をよく知っていることを期待できる。例えば，露頭を見られる場所はどこか，どの水田に行けばメダカがいるかという情報である。さらに後者に関して言えば，メダカがいるかどうかだけではなく，その水田の所有者は他人が水田や畦に入ることを許してくれる人かどうか，近くに駐車スペースがあるかといった，周辺的な知識も実際には重要となる。

　勤務校以外では，県や市町村，あるいは民間の教育研究組織に所属することで，他校の教員に助言を求めることができる。長年理科教育研究に携わり，それに精通した教員も所属しているため，そこで得られる情報は経験に裏打ちされ，よく練られたものが多いだろう。また，授業のコツや教材の工夫に関することのみならず，子どもの学びや教員の役割など理科の指導観や教育観に関わる考え方にも出会えるかもしれない。さらに，近隣学校の教員と連携すること

によって，顕微鏡等物品の貸し借りも円滑に行えるようになるなど，付随的な効果も期待できる。いずれにせよ，理科教育に関して問題意識を持ち，よりよい理科教育を追求している教員の存在を認識することは，多忙な教育現場において自らの理科授業力を高めようとすることに対する大きな支えとなることは間違いない。

　大学や研究施設等の専門家は，直接的に学校教育における理科指導に精通しているわけではないが，授業を考案する上で有益な情報を持っている場合が多い。例えば，地層のはぎ取り技術を挙げることができる。これは，露頭表面に樹脂を吹き付け乾燥させることによって，その樹脂に張り付いた地層など露頭表面をはぎ取る技術のことである。地学領域では実験をすることや実物を見せることが難しい内容が比較的多く扱われている。ただし，それは学校の設備や教師の専門性から見れば難しいのであって，このように地層のはぎ取り技術を用いれば，実際の地層を教室に運び，授業に使うことができる。このような知識，技術，設備等は，最先端の知識や技術に日々接している専門家だからこそ持ちえるのである。そのような専門性は，教員のそれまでの常識を変え，指導の限界を打ち破る可能性を秘めている。

　研究授業では，授業者の考えを授業実践を通して提案する場である。その準備段階で，「これは実験できない内容だ」，「これは教員が説明して教えるしかない」と限定的に考えていては新しい提案をひねり出すことは難しいだろう。それよりも，「子どもに実物を見せるにはどうしたら良いか」，「この内容を探究的に行う方法はないか」と前向きに思考し続けることによって，他の人から助言を得た際にそれを自分のものにすることができるのではないだろうか。

コラム③　自分から，そしてインフォーマルに

　中学校では，もともと授業研究について消極的である。その要因の一つは部活動の存在であろう。放課後の部活動は他の活動よりも優先されることが多い。一般的な校内研修や会議ですら時間を確保しにくい。教材研究も部活動が終了してからである。
　このことに加え，近年，特に山間部の中学校では授業研究という点で問題を抱えている。それは，生徒数減少に伴う学級数，職員数の減少である。各学年1，2クラスの小規模の学校が増え，「一つの学校に各教科の教員が1名ずつ」という学校も少なくない。1名だけの教科部会では，指導案検討などできない。過疎地の学校は，人口増加が著しい都会とは違った面で課題を抱えていると言えるだろう。その現状と実践を紹介する。

◇**意外と忙しい小規模校の教員**

　ある程度の規模の学校では，例えば，一人の教員が1学年分5クラスを担当し，同じ授業を5回繰り返す。繰り返す中で，自ずと授業を改善することができる。あるいは1学年8クラスを4クラスずつ，二人の教員で担当すれば，日頃から，お互いの授業を参観し合ったり，意見交換をしたりすることができるだろう。しかし，田舎の小規模校は違う。3学年分の理科を一人で担当，しかも各学年1，2クラスであり，授業は1回きり，できて2回。理科は週4時間（中1だけは3時間）であるから，ほとんど毎日3学年分の教材研究，予備実験，実験の用意だ。そして片付けや薬品庫の管理，掲示物など理科室経営も一人でやらなければならない。筆者も大きな声では言えないが，3年生に実験をさせながら，前の時間の授業で使った試験管を洗うということもあった。さらに，3学年分のテスト問題の作成，採点，成績処理と続く。担任であれば道徳・学活・総合的な学習の時間もある。授業時数も多く，授業を振り返る暇もない程だ。何より悲しいのは意見交換，情報交換する教科の仲間がいないことである。このような事態に置かれるのはベテランとは限らない。現に前任校では筆者の異動のため，2年目の教員が一人で理科を担当することになってしまった。筆者が初任の頃には30代，40代，50代とそれぞれ1名ずつ，筆者も含め理科部会は四人もおり，指導案検討会があったり，実験のアドバイスをもらったりしていたのに，何と大きな違いであろうか。

◇**教科の壁**

　それならば，他の教科の教員と授業研究すればよいと思うところだが，それもなかなか進まない。中学校では教科の壁が高い。それぞれの専門性からか，「他の教科の人にはわからない，言われたくない」という雰囲気がある。だから自分も他の教科には言いにくいと遠慮する教員が多い。また，「人前で言いたくない，言われたくない」という教員も多いようだ。授業後の反省会で意見を求められても無難なことしか言わないし，適当に良い点だけしか言わない教員が多い。当然，互いに高め合うという状態にならず，授業研究の効果が感じられないことが多い。
　こうなると，頼みの綱は地域にある理科研究会や自主的サークルである。しかし，こ

の運営状態も良いとは言えない。このような会も集まる人数が減っている。研究会のメンバーの中で研究大会などの提案者を決めるとき，なかなか決まらない。だから順番制である。順番が回ってくると仕方なくやる。仕方なく一人でやるので，何かテーマを決めて研究するというよりは，無難に何とかまとめることが多く，研究の効果が上がらない。

◇**実践**

では，どうやって授業研究をしていけばいいのだろう。筆者は，「自分から」と「インフォーマルに」の二つがキーワードと考える。

まず，「自分から」求めて勉強するしかない。指導主事などを呼んで授業を見てもらう（要請訪問という）機会を設定することや，研究会での授業公開や実践発表などを頼まれたら，断らずに何でも前向きにやることが大切だろう。大変なことは確かであるが，苦労して作った指導案，時間を惜しんで作った教材，授業での手応え，授業後にいただけるアドバイスや情報交換など，すべてが貴重な財産となる。「今年はまだ挑戦したことがない地学の単元でやってみよう」などと，自分の財産を毎年一つずつでも増やしていくことを楽しみにしたい。

次に，「インフォーマル」でもよいので，とにかく実施する姿勢が大切だろう。現任校の昨年度の取り組みだが，教科の壁をなくし全教科の教員で授業研究を行った。一人1回全員が授業をし，毎回，全員で参観する授業研究である。すべての教科の教員が一人ずつという現任校では，それしか方法がないと言っても過言ではない。授業研究がある日は特別日課で7時間目を作り，対象クラス以外は自学の時間として行った。その際，「インフォーマルに」指導案は略案とした。授業後の反省会も「インフォーマルに」KJ法で実施したり，参観の視点を決め項目にしたチェックシートを用いて診断したりした。「インフォーマル」な指導案と反省会と言うだけで，すぐに実行に移すことができた。そして，予想以上に手応えがあった。まず，生徒に緊張感が生まれ，集中して楽しく授業に取り組む様子が見られた。教員は，課題を明確に伝えること，5分前になったら学習の振り返りを行うことが「わかる授業」の大切な要素であると確認することができた。その他，各授業に発表のさせ方や音読のさせ方など様々な工夫が見られ，教科の枠を超えて勉強になることがたくさんあった。生徒にも教員にも大きな刺激になったと感じる。

以上，田舎の小規模中学校の授業研究の実態を中心に述べた。採用地域により状況は様々だが，どこでも仕事は大変である。しかし，どんな苦労も生徒たちの「あぁ，そうか！」「へぇ。すごい！」という言葉を聞いただけで，何だか報われた気持ちになるのである。生徒たちに理科の楽しさを何とか伝えたい，楽しく学んでほしい，そのためにどんなことができるだろうと考える毎日である。

（南房総市立丸山中学校　鈴木康代）

第二部
研究授業のポイント・見所

　大学生たちは，教育学の授業で「一人ひとりの学びを丁寧にみる」ことが授業のポイントだと習って感動したという。丁寧に「みる」とは，単に『見る』ではなく，目の上に手をあてて『看る』んだという。確かに一人ひとりの学びを丁寧に『看る』ことは，授業の最重要ポイントである。原理・原則，心構えとしてはよくわかるし，印象にも残る素晴らしい名言だと思う。

　しかし，実際の理科授業では，目の上に手をあてただけでは見えない具体的なポイントを把握しておく必要がある。本書では，さらに踏み込んで，理科授業の具体的なポイントを伝えたい。

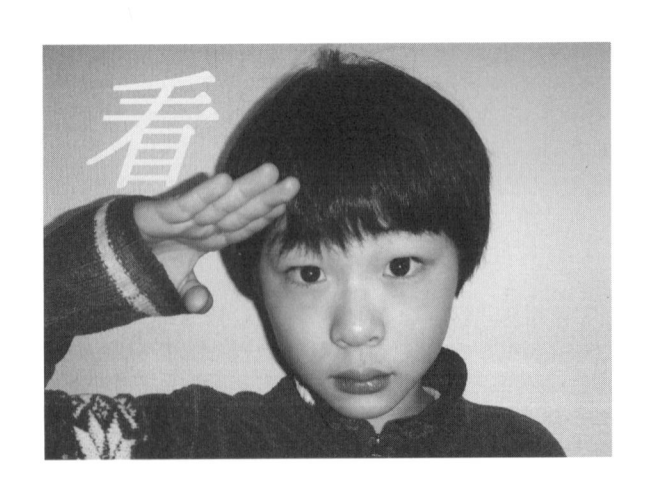

①　導入部について

1　余裕を持って授業に臨めば子どもの反応がよく見える！

　余裕を持って授業に臨めれば，一人ひとりの児童・生徒の反応がよく見えて，授業展開がダイナミックになる。しかし実際には，直前までじたばたと準備をしているケースも多く，そういう場合に研究授業がうまくいくことは珍しい。

　例えば，小学校5年『流れる水のはたらき』の授業で，教科書に載っている川の様子が，自分たちの身近な川でも見られるのか，グーグルアースの航空写真で確認しようとした。授業担当の先生は，昨日は近所の川まで映像を撮りに行っており，直前まで大変熱心に準備されていた。授業が始まって，50インチのディスプレイに映し出された航空写真には，俯瞰した地元の川の様子が見事に映し出され，後ろの席からでもよく見えた。地上からだと川の上流から下流までの全体像を把握するのは困難なので，航空写真を使うのはよいアイデアであった。ところが，事前にマークしていた学校の場所が，慌てていて見つからなくなってしまった。結局，川の上流からたどって，学校の場所を見つけようとした。先生は，学校の場所を探すのに必死で，「あれ，どこに行ったのかなあ？」と何度も繰り返していたが，映し出された航空写真を見ていた児童と参観者たちは，上流では川幅が狭くまっすぐだった川が，次第に川幅が増して蛇行するようになり，一部には三日月湖も見えて，教科書通りの山間部と平野部の特徴が見られて感動していた。先生はようやく学校の場所を見つけてホッとしたが，児童と参観者たちが感動していたことには気づかなかった。最善の授業のために，ぎりぎりまで準備をしようとする想いはわかるが，もう少し余裕があれば，教室全体で感動を分かち合えたのではないかと思う。

　直前まであれこれと準備していると，肝心の児童・生徒の反応を見逃してし

まうこともある。多少の手落ちがあっても，余裕を持って研究授業に臨み，児童・生徒の反応を生かした方がうまくいく。

　また，直前に資料を追加しようとして，失敗した例も多かった。直前にプリントを印刷しようとしたところ，印刷機が混んでいたり，故障していたり，インクやマスターが無くなっていたりして印刷できなかった例や，よく検討していない補助プリントを配布してしまい，誤字・脱字の修正に時間が割かれてしまったという例があった。

　完璧な準備をしようとすると切りがない。研究授業当日は，できる範囲の準備をしたら区切りをつけて，余裕を持って授業に臨み，児童・生徒の反応を生かすことを考えよう。

2　授業に物を持って行こう！

　他教科の教員から，理科の授業は実物を見せたり，観察・実験をもとに考えられるので，「いいね！」と羨ましがられることもある。確かに，実験の準備や後片づけが大変だが，実物を見たり操作したりできる理科授業のよさを生かしたい。

　私は，大学で模擬授業を担当しているが，模擬授業には必ず何か物を持ってこさせて，トーク＆チョークの授業は禁止している。毎年模擬授業の最終回には，最も優れた授業について話し合わせているが，20分の模擬授業でも，数種類の野草の根・茎・葉の一部をばらばらに配布して，組み合わせを考えさせたり，持ち込んだ直径１ｍの球を太陽に見立てると地球や月がどの大きさ（テニスボール・ビー玉・ビーズなど）になり，どの辺りを公転しているのかを地図上に表現させたりする授業が取り上げられる。やはり実物を持ってきた授業の印象が深く残っており，高く評価される。大学生なので時々失敗することもあるが，物を持ってくるほど熱心だと評価され，トーク＆チョークに近いような授業では，よほど内容や構成が練られていないと厳しい評価となる。

　今日では，100円ショップなどに理科授業に持ち込みたくなる品々が沢山あり，ストップウォッチも１個105円で，学校の経費で購入できるところが多く

なってきている。経費が使えない場合でも，家庭で不要になった電話機などを引き取り，分解して音の授業の説明に使用したりすることもできる。

優れた理科教員がいる学校の理科室には，児童・生徒の興味を引くような品々が陳列されており，児童・生徒は授業が始まる前から展示物を見たり触れたりして，理科の世界に浸っていることが多い。

3　グループも活用しよう！

海外の理科授業と比較して，日本の授業に不足していると思われるのは，グループでの話し合い活動である。そのため，海外の理科教育研究者が日本の理科授業を見ると，授業自体は素晴らしいのだが教員主導でStudent-centeredの授業になっていないとコメントすることが多い。新学習指導要領では，理科でも観察・実験の結果について話し合う場面やレポート作成時などに，言語活動の充実を図ることになった。従来から，実験室での授業の場合，実験器具を共有するために四人前後のグループで，観察・実験に取り組ませることが多かった。最近になって，教室でも小グループでの学習が取り入れられるようになってきた。しかし，小グループでの話し合い活動については，方法が十分に確立されておらず，生徒の意見交換にとどまっている場合が多い。

理科授業に小グループでの話し合い活動を取り入れる場合には，以下の点に留意するとよいだろう。

① 　グループの人数は，6名を超えると「ただ乗り（Free-rider）」が生じ，ペアではお互いに「そうだね」を繰り返す長電話パターンになって議論にならないので，3から5名程度にする。

② 　実験室でのグループは，男子が実験を支配してしまうので男女別四人グループを編成することも多かったが，話し合い活動の場合には，実験には消極的でも，話し合いには積極的な女子も多いので，男女二人ずつの男女混合グループなどにする。

話し合い活動では，班長などに司会を任せて，うまく全員の意見を引き出して，全員が話し合いに参加・貢献できるようにしてほしいと依頼する。もし，

発言の機会が平等にならない場合には，司会者・発表者・質問者などを輪番で担当させてもよいだろう。私は，まずワークシートに自分の考えを書かせてから，一人ずつ順番に全員が個々の意見を発表しながら，お互いに「説明は筋が通っていますか？」と確認させている。

4　課題を明示しよう！

　理科授業にとって，取り組ませる課題の選択は，大変重要である。よい課題を選択しても，課題の意味が把握されなかったり，指示がうまく伝わらないと，結果が比べられなかったり，まとめるのに苦労したりする。

　学習指導要領（理科）では，小学校で「……見方や考え方をもつことができるようにする」，中学校で「……見方や考え方を養う」となっているので，何でもよいから見方や考え方を持つようになればよいと勘違いして，取り組むべき課題についての検討が十分でないことがある。

　例えば，第5学年『振り子の運動』では，「振り子の運動の規則性について興味・関心をもって追究する活動を通して，振り子の運動の規則性について条件を制御して調べる能力を育てるとともに，それらについての理解を図り，振り子の運動の規則性についての見方や考え方をもつことができるようにする」ことになっている。何でもよいから見方や考え方を持つようにさせると考えれば，児童の想いに任せて自由に試行させればよい。

　ベテラン教員の授業であれば，自由に試行させているように見えても，周期測定や条件設定のポイントを外さない。児童はいつの間にか，周期については右から左に中心の支柱を10回横切る時間を測定するようになり，条件は一つずつ，おもりの重さ，糸の長さ，振れ幅を変えるようになる。そして，多少の誤差には目をつぶって，「糸につるしたおもりの1往復する時間は，おもりの重さや振れ幅によっては変わらないが，糸の長さによって変わる」ととらえられるようになる。

　ところが実際には，ベテラン教員のようにうまく授業が進まないので，毎年学会でも多くの『振り子の運動』の実践事例が発表され，困難を克服するため

1 導入部について

のアイデアを共有しようとしている。

　以前に参観した小学校5年『振り子の運動』の授業では、まず1秒振り子の作成に取り組ませ、「問題　どうすれば振り子の速さは変わるのだろうか？」について話し合わせた。よく準備された振り子が各班に提供され、おもりの重さ、ふり幅、糸の長さを自由に変えることができるようになっていた。この振り子の開発に時間が取られてしまったのか、授業内容、取り組ませる課題についての検討が不十分であった。

　この単元では、教科書通りの順序で展開しても、児童は「おもりの重さも、ふり幅も、糸の長さも振り子の周期に影響する」と考えてしまうことが知られている。にもかかわらず、最初から1秒振り子を作成するのは無理であった。周期の測定方法もまちまちで、1往復を2周期と数えたり、振れ幅をとんでもなく大きくしたりして、結論が出せない、周期が一向に1秒に近づかない班も多かった。

　そして、ただでさえ「時間が早い」と「スピードが速い」とで混乱しやすいのに、振り子の速さに着目させた結果、授業のまとめでは、ほとんどの児童が、「おもりの重さを変えても、振り幅を変えても、糸の長さを変えても速さは変わる」という結論を導いてしまった。

　その後の授業研究会では、開発した振り子は素晴らしいと褒められたが、外部のベテラン教員から振り子の速さに注目させた点について指摘され、担当した教員はそこで初めて周期に着目させなければならないことに気づいた様子であった。実は他の学校の研究紀要にも、振り子の速さに注目したワークシートが掲載され、「振れ幅は振り子の振れる速さに関係がないという科学としての基本となる考え方について教える必要がある」という誤った考察もなされている（振れ幅を変えると振れる速さも変わるから周期が一定になる）。

　学会発表では、重さや振り幅や糸の長さを変えた複数の振り子を同時に振らせて、糸の長さが周期に影響を及ぼすことに気づかせたり、まず糸の長さを変えて実験し、重さや振り幅を変えても糸の長さほど影響しないことに気づかせたりする方法が提案されている。そして、自由に試行して結局結論が導けない

状態に陥るよりも、多少教員主導になっても結論がはっきりわかり、児童なりに納得する説明ができるようになった方が、児童の満足度も楽しさも上回っているという結論が出ている。

「……見方や考え方をもつことができるようにする、養う」という目標を、「……の実験を通して……の性質を見極め、……について説明できる」のようにより具体的にしてみてはどうだろうか。そして、周期を制御できる理由がわかってから、発展的課題として1秒振り子づくりに携わらせても遅くはない。

附属小学校でも、単元の最後に発展的課題として1秒振り子づくりに取り組ませましたが、振り子の糸の長さは、以下のようになった。附属小の児童でさえ、1秒振り子の糸の長さを約25cmとしたのは、わずかな班のみであった。それ程、『振り子の運動』の授業は難しいと心得ておこう。

班	1	2	3	4	5	6	7	8	9
糸の長さ	27.0cm	23.5cm	25.6cm	22.0cm	25.0cm	25.0cm	25.0cm	23.0cm	20.0cm

5　発言は大きな声で！

休み時間は大きな声で話している生徒も、研究授業では非常に小さな声となる場合がある。よく先生が耳をそば立てて、児童・生徒の発言を聞き取ろうとする場面に出くわすが、海外の授業で児童・生徒の声が小さければ、"Speak up!"と注意される。これからさらにグローバル化が進展して、児童・生徒が就職する頃になると、オフィスで隣に座っている同僚は日本人でも、一緒にプロジェクトを組んでいるのは、ネットワークでつながれた海外の人たちだと想定される。今までは、会議に出席していれば許されたが、これからは出席していても意見を述べなければ参加したことにならず、次回の会議には呼ばれなくなるだろう。児童・生徒の将来を見越して、大きな声で堂々と発言できるようにさせておきたい。そのために、特別な場合は除いて、児童・生徒の発言を教員が拡声器代わりになって、大きな声で繰り返すのはやめよう。また、児童・

生徒が黒板に向かって発表しているケースもあるが，声は通らないし，聴衆の反応も見えないので，しっかり聴衆の方を見て発表するように促したい。

　教員も，話の専門家であることを自覚して，一度は自分の発音・発声を点検しておきたい。米国では以前から，大統領に就任するとボイストレーニングを受けて発音・発声の矯正をしており，近頃は日本の政治家もボイストレーニングを受けるようになった。最近は，教員対象の発音・発声トレーニングも増えてきたので（例えば，NHK放送研修センターの「先生のためのことばセミナー」など），受講してみるとよい。受講するのが困難な場合でも，一度は自分の授業を録音して聞いてみると，普段聞き慣れているのとは別の声が聞こえてくる。普段は自分の声を空気中を伝わるものと骨伝導によるものの4チャンネルで聞いているので，よさそうな声に聞こえる。しかし，児童・生徒は録音されたものと同じ空気中を伝わる2チャンネルのものを聞いていると思うと，発音・発声改善の必要性を感じるだろう。

　また，録音してみて初めて，「え〜」「あの〜」といった口癖が多いことに気づく。こういた口癖は，非常に聞きづらいので，言うのを我慢して「沈黙」にしてしまおう。「沈黙」の方が遥かに聞きやすい。

　そして，教員は普段児童・生徒相手に話すことが多いので，児童・生徒向けの言葉遣いが染みついている。学校に出入りする業者に聞いてみると，小さい子どもを相手にしている教員ほど言葉が乱暴だという。特に保護者や外部のものと話すときには，気をつけて丁寧に話すように心掛けたい。

6　先生の要約は最低限に！

　これは実際にあった話であるが，大講義室に忘れ物をした大学生が，たまたま通りかかった私に，「鍵，鍵ありますか？」と聞いてきた。状況を察すれば忘れ物を取りに来て，鍵が掛かっていて中に入れないことはわかったが，将来教員になることめざしている学生らしいので，「鍵？　何の？」と返答した。すると「忘れ物をしたので」と言うので，「それで？」と答えると，「大講義室に忘れ物をしたので，鍵を貸していただけないでしょうか？」と言ってきた。

起	結論
承	理由
転	証拠
結	事例

「はじめからそう言ってくれればよく伝わるね」とは言ったが，内心では，小さな頃から周囲が何でも先回りして，何かしらの単語を発すれば意図が伝わってしまう世界で育ってきたのではないかと，彼の将来がいささか心配になった。

　研究授業を参観していても，時々先生の要約が過剰で，児童・生徒の説明力が育たないのではないかと思うことがある。KYでは困るのかもしれないが，空気を読みすぎると，相手は説明するのを怠るようになってしまう。私は，講演やシンポジウムで自分の発言が要約されると，要約しなければ伝わらないほどまとまりのない話をしてしまったのかと反省する。

　これからは，理科授業でも言語活動の充実が図られることになっているが，要約は最低限にして，要約しなくても新聞記事のように大事なことは伝わるような発言をするように促してほしいと思う。新聞記事は結論が先に来る逆三角形の構造になっており，重要な情報から順番に詳細な情報へとつながっているので，いつ遮られても大事なことは伝わるようになっている。

　従来は，話し言葉でも起承転結が重視されていたが，理科の話し合いや議論などには，新聞記事型の結論から証拠，そして具体例のように，重要な情報から伝える方が話者の意図が伝わるので，そういった話し方も身につけさせてほしい。

7　自分の欲する意見が出てくるまで指名し続けるのはやめよう！

　以前は，教員が自分の欲する意見が出てくるまで問い掛け続ける場面や，困ったときに理科のできる児童・生徒を頼る場面をよく見かけた。

　例えば，授業で以下のようなやり取りが行われていたこともあった。

1 導入部について

> 先生：「おもりの重さや振れ幅を変えると1往復する時間は変わるのかな？」
> A君：「わかりません」
> Bさん：「わかりません」
> 理科が得意なC君：「おもりの重さや振れ幅を変えると多少は1往復する時間も変わるけど，糸の長さを変えたときと比べてほんの少ししか変わっていないので，実験の誤差だと考えていいんじゃないかと思います」
> 先生：「そうですね。糸の長さを変えた時と比べてほんの少ししか変わっていないので，重さや振れ幅で時間が変わったのは誤差ですね。みんなわかりましたね」

　今では，授業研究会でA君・Bさんの「わかりません」を差し置いて，「みんなわかりましたね」とはどういうことですかと詰問されるので，こういったやりとりは見かけなくなった。

　時々理由を尋ねられた児童・生徒が「わからない」「勘」などと答えて終わることがあるが，理由を説明しながら気づくこともあるので，せめて「その勘はどこからきたのかな？」「わかっているところまで話してみて」としっかり理由を言わせてほしいと思う。

　例えば，「わからない」「勘」と答える児童・生徒には，以下のように対応している。

> A君：「わかりません」
> 先生：「わかっているところまで話してみて」
> A君：「おもりの重さや振れ幅を変えると，多少は1往復する時間も変わるんだけど，糸の長さを変えたときと比べてほんの少しなので，変わったと言っていいのか……」
> 先生：「わからないというのは，おもりの重さと振れ幅の場合の変化が少ないので，変わったと言っていいのかわからなかった？」
> A君：「はい」

> Bさん：「変わると思います」
> 先生：「訳は？」
> Bさん：「勘です」
> 先生：「その勘はどこからきたのかな？」
> Bさん：「重たいものの方が速く動くと思うから……」

　以上のように，「わからない」「勘」などと回答するのをそのままにしないで，できるだけ説明しながら気づく機会を与えてほしい。

1　導入部について

コラム④　　実習での授業研究会（授業反省会）に思うこと

　私は実習生の授業が終わると必ず「今日の授業はどうでしたか」と自己評価を聞きます。このときの答えは「実験が成功して時間にも余裕があり，生徒たちが積極的に発表してくれて，良い授業ができました」ではなく，「本時の目標は○○で，達成度は○○でした」であってほしいと思っています。例えば「本時の目標は『①酸化銀を加熱すると酸素が発生することを火のついた線香を使って確認できる。②酸化銀が酸化銀（元の物質）とは異なる二つ以上の物質に分解したことを考察（論理的に記述）できる』の2点で，①は全員が達成でき，②は7割程度の生徒ができたと感じていて集めたノートを見て評価します」のように。

　授業時間で最も大切なことは，指導案（略案）に書いた「本時の目標」の達成です。本時の目標が達成できていれば，予定の行動を消化したか否かは相対的に重要ではなく，達成できていなければ，指導案の記述通りの行動ができても良い授業ではありません。指導案には活動も書きますが，これらの活動は何のためだったのでしょう。活動を完遂することよりも，活動のねらいを意識していたいものです。本時の目標は「本時でねらう生徒の変容は何か」をとことん突き詰めて1〜3点に絞ったものです。ですから，授業研究会では，まず生徒の変容を評価し，次に，生徒の変容と活動との関わりを考察したいと思うのです。

　このように「本時の目標」にこだわると，それ以外の扱いが相対的に軽くなりますので，大事だと思うたくさんのことを1年間の「本時の目標」の中にバランスよく組み込むことの重要性も増します。題材の目標，単元の目標，年間指導計画，中学理科の学習目標，学校教育の目的は？　と気になることが次々と出てきますので，学習指導要領を何度も読み返すと良いと思います。また，人にはそれぞれ教師になった理由があります。生徒との関わり，学校や社会の関わりに関して，自分の内面に深く向き合い「自分は教師として何をしたいのか」を自覚し大切にしてほしいと思います。私は理科教師として「理科も好きな生徒を育てる」ことを意識しています。そして「すべての人が自分の大好きなことをして，お互いを尊重しあえる豊かで幸せな世の中」を作りたいと思っています。ですから，本時の目標や指導計画に教科の目標を適切に配置するとともに，個々の生徒が充実感や幸福感などを感じられる仕組みを織り込む工夫をしています。※

　最後に「本時の目標の達成を最優先に」の例外として，大事なことを二つ補足します。「生徒の安全確保」と「人格（心を含みます）の尊重」です。この具体例や効果なども詳しくお話したいところですが，またの機会に。ツイッター @ihjm やフェイスブック inouehajime1（イチ）でもお話できますので，気軽にお声かけください。

（千葉市立みつわ台中学校　井上　創）

※　その一部を『理科がもっと好きになる！〜生徒の興味⇔好きのサイクルを回し，感性・創造性・主体性を育む3つの授業の継続的実践〜』として，千葉大学附属中学校のホームページ（各教科＞理科＞2010年度公開研参考資料）に掲載しています。

2　展開部について

1　教科書を使い，教科書を超える授業を展開しよう！

　平成20年に新しい学習指導要領が告示され，理科の教科書ページ数が前回検定版と比べて，小学校で37%・中学校で45%程度増加した。理科の授業時間も，小学校3～6年の授業時数は国語・算数に次いで3番目に多い405，中学校では国語・数学と並んでトップの385となった。以前は，教科書の内容だけでは不十分なので，独自のプリントを作成する教員も多かったが，教科書のページ数が増えて内容も充実し，授業時数も増加したので，教科書を使い，教科書を超えるような授業を展開したい。

　長年プリントで授業してきた教員の中には，教科書の改訂に伴って記述が変更されたことに気づいていないことがある。例えば，小学校4年『金属，水，空気と温度』で，水の温まり方を学習する。従来は，味噌や絵の具などのトレーサー（tracer：流れなどを追跡するための物質）の動きを観察し，水が温まる様子を矢印で表現させて，対流して全体が温まると教えてきた。

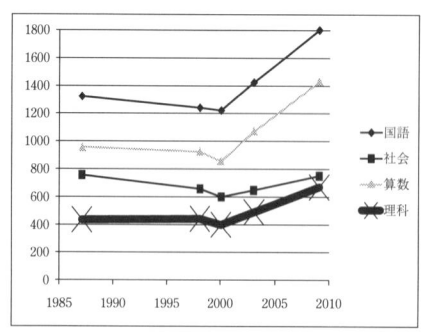

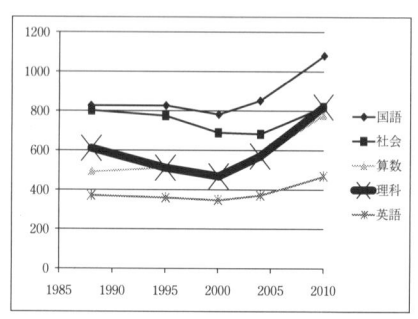

（義務教育教科書無償給与制度について http://www.mext.go.jp/b_menu/shingi/chukyo/chukyo6/gijiroku/05062201/002.htm を参考にB5換算で作成）

図2-2-1　小学校ページ数（社・理は3年生以上）中学校ページ数の推移（B5換算）

最近は，示温テープや示温インクで温度の変化を見られるようになり，「水は温まると上昇し，上の方から温まっていくこと」をつかませる。既に教科書では，「対流」という言葉は使われていない。先日見た授業では，児童にビーカーの中の水が温められる様子を矢印で表現させ，どれがうまく表現できているかを比べていた。児童は，金属のときのように放射状に描いたり，対流しているように（下図左）描いたり，教科書のように（下図右）温められた部分が上昇して，温まった部分が上から徐々に下りてくるように描いたりしていた。

　結局，教科書のように描いたものは途中で脱落し，対流しているように描いたものが残って，「水は対流で温まるんだね」とまとめられてしまった。少なくとも，教科書の変更点は把握しておかないと，既に使われなくなった言葉や表現で説明してしまうので，気をつけたい。

　今までは教科書の内容も授業時間も十分ではない中で，日本の理科はPISAやTIMSSで素晴らしい成果を収めてきた。しかしこれからは，教科書の内容も充実し，理科の授業時間も増えて条件が整ったので，今まで以上のパフォーマンスが要求される。果たしてその期待に応えられるのか，本書の知見を生かして，従来の優れた理科授業を継承しつつも，さらなるパフォーマンス向上のために，今まで以上の授業をめざしてほしい。

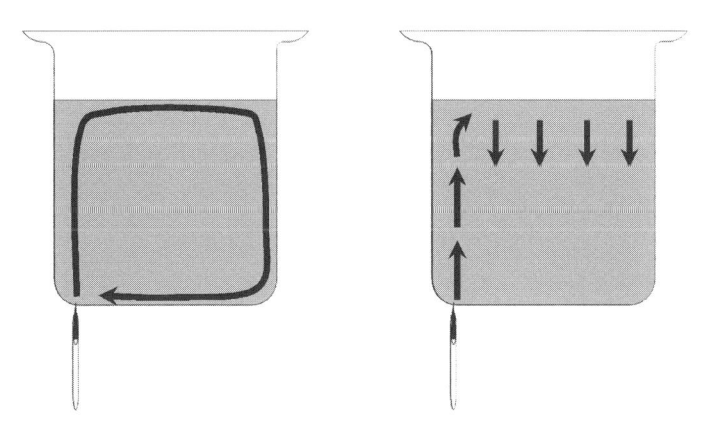

図 2-2-2　**教科書の水の温まる様子の図**（左：以前の例，右：最近の例）

2 単純だと思えるものでも説明は難しい！

（１） 石灰水も侮れない

　消石灰とも言われる水酸化カルシウム $Ca(OH)_2$ を水に溶かした上澄みを利用する石灰水は，いろいろな実験で使われる。ところが，二酸化炭素を通してもうまく白濁しないことがある。うまく白濁しない場合，作り置きして放置したり，密封性の悪い容器に入れてあったりして，既に空気中の二酸化炭素と反応してしまっていることが多い。できるだけ作り置きしないようにしたり，しっかりと密封した容器に保管しておこう。

　石灰水が白濁してもなお，児童が勢いよく振り続けて透明になってしまい，説明に困ってしまった授業を見たことがある。

　石灰水に二酸化炭素を通すと，

$$Ca(OH)_2 + CO_2 \rightarrow CaCO_3\downarrow + H_2O$$

となって炭酸カルシウム $CaCO_3$ が沈殿して白濁する。

　さらに振り続けたりして，$CaCO_3$ が二酸化炭素と反応すると，

$$CaCO_3 + CO_2 + H_2O \rightarrow Ca(HCO_3)_2$$

のように透明な炭酸水素カルシウム $Ca(HCO_3)_2$ になってしまう。もし，このことを事前に知っていれば，慌てて説明に困ることはなかっただろう。

　また，石灰水を入れて酸素を充填した集気瓶の中で，スチールウールを燃焼させる実験がある。スチールウールの燃焼後に，集気瓶を振っても石灰水が白濁しないことを確かめるのだが，石灰水が白濁してしまうことがある。これは，スチールウール自体に炭素が含まれていたり，スチールウールのコーティングに炭素を含むものが使用されたりするためである。いくつか異なったスチールウールで予備実験をして，石灰水が白濁しないものを選んでおこう。

　石灰水は，強いアルカリ性を示すので，容器を振った際に目に入らないようにするなど，取り扱いにも十分注意が必要である（皮膚などへの影響は，酸性よりもアルカリ性の方が大きいことがある）。時々，生石灰を消石灰と間違えて，水を加えたところ熱が発生して，危険な目にあったといった報告もなされているので留意したい。

（2）乾電池を電源にすると内部抵抗の影響を受ける

　中学校では，電源装置を使用するのであまり問題にならないが，小学校などで乾電池を電源にした実験をすると，乾電池の内部抵抗の影響が出てしまうので注意が必要である。

　小学校4年『電気の働き』では，乾電池のつなぎ方と回路を流れる電流の関係を調べる。並列つなぎにして乾電池の数を増やしても，電球の明るさは乾電池1個のときと変わらないことを電流を計って確かめるが，検流計や電流計や乾電池の内部抵抗のために，理論通りの結果にならないことが多い。

　ある研究授業では，発展的課題として1個の乾電池に1個の豆電球をつないだものに，もう1個の豆電球を並列につないだ場合について考えさせていた。児童は，乾電池2個を並列つなぎにしたときのことを思い出して，豆電球を並列に2個つないでも，1個のときと同じ明るさになると考えた。確かに理論ではそうだが，実際にやって見ると，乾電池の内部抵抗のために，豆電球2個を並列につなぐと，乾電池の電圧が1.5［V］より下がり，暗くなって説明がつかなくなってしまった。乾電池を電源にするときには，内部抵抗の影響を考えておこう。

（3）水の電気分解・ボルタ電池も侮れない

　新学習指導要領の中学校理科第1分野では，「化学的な事物・現象についての観察，実験を行い，観察・実験技能を習得させ，観察，実験の結果を考察して自らの考えを導き出し表現する能力を育てる」ことが目標の一つになっている。そこで，中学校で水の電気分解やボルタ電池の仕組みを，モデルで表現しようとする研究授業が行われるが，仕組みをモデルで表現することは難しい。

　水の電気分解の場合，今まで見たほとんどの授業で，生徒の表現するモデルは，NaOHの電気分解になっていた。水の電気分解では，純粋な水では電流が流れないので，少量の水酸化ナトリウムを溶かす。水酸化ナトリウム水溶液では，水酸化ナトリウムと水が以下のように電離している。

　　　$NaOH \rightarrow Na^+ + OH^-$

　　　$H_2O \rightarrow H^+ + OH^-$

水酸化ナトリウム水溶液に電極を差して電圧をかけると，
＋極：OH^- が引かれていく＞＞$4OH^- \rightarrow 2H_2O + O_2 + 4e^-$
－極：Na^+, H^+ が引かれていく＞＞Na^+ はイオンでいたいので，$4H^+ + 4e^-$
　　$\rightarrow 2H_2$
と説明する。

ところが，これをモデルで表現しようとすると，OH^- がどこからやってくるのかが問題となる。生徒は，NaOH を入れなければ電流が流れないので，NaOH が関係しているはずだと考えて，NaOH から OH^- を持ってくる。そうすると，NaOH は少量なのですぐになくなってしまう。教科書通りの説明では，NaOH が関係せず，なぜ NaOH を入れたのかわからないと生徒が質問してくる。

実は，
＋極：$4OH^- \rightarrow 2H_2O + O_2 + 4e^-$
－極：$4Na^+ + 4H_2O + 4e^- \rightarrow 4NaOH + 2H_2$
のように－極では Na^+ が関係して，NaOH を生成しているので，反応が継続する。結局 $2H_2O \rightarrow 2H_2 + O_2$ となるのだが，Na^+ の役割を知らないと，生徒の質問に慌ててしまう。

また，中学校3年『水溶液とイオン』で，うすい塩酸に銅板と亜鉛板を入れてボルタ電池を作成する。

教科書では，
＋極：$2H^+ + 2e^- \rightarrow H_2$
－極：$Zn \rightarrow Zn^{2+} + 2e^-$
と説明している。しかし，実際に作成すると，＋極の銅板から水素が発生し，－極の亜鉛板でも水素発生の勢いが継続する。生徒は＋極・－極での反応の様子を観察して，モデルで表現しようとするが，教科書の説明とは異なる－極の亜鉛板からの水素の発生について，うまく説明できなくて困ってしまう。

一見簡単そうに見えるボルタ電池も，「実際は非常に複雑な現象を含むものであり，また安定した起電力を保つことも難しいものであって，これを電池の

話の導入に用いることは無理がある」と指摘されている[1]。高校では既に，ボルタ電池ではなくダニエル電池で電池の導入をしている。

中学校では，教員が予備実験をしてみて初めて，－極の亜鉛板からの水素発生が止まらないことに気づき，教科書の説明に合わせるために，わざわざ亜鉛板をメッキして水素が出ないようにしたりしている。

単純そうに見える水の電気分解やボルタ電池の仕組みも，実はモデルで表現することは非常に難しく，実験結果をうまく表現できないものもあるので，留意したい。

3　新単元での研究授業は要注意！

新学習指導要領では，小学校6年で電流による発熱が扱われ，電熱線の太さを変えると発熱する程度が変わることを学ぶようになった。そのため，最近小学校教員や小学校教員をめざす大学生から，「電熱線による発熱は，電流の強さで決まる」とよく聞くようになり，中学校での抵抗の学習の妨げにならないかと懸念している。

まずは，「電流の強さ」という表現であるが，電流は単位時間に通過する電荷の量であるにもかかわらず，量のイメージが無いために「強さ」と表現され，電圧と混同しているのではないかと思わせる。次に，「発熱は電流で決まる」ということであるが，実際に直径0.2 [mm] と0.4 [mm] の電熱線の発熱量を比較しても，その差がわかりにくく，電源が電池だったり，使用する電源装置が異なったりすると統一した結果が得られない。

そして，児童からなぜ太い方が発熱するのかと尋ねられると，「太くなると電流がたくさん流れて多く発熱する」と説明している。中学生になって，発熱量が電力（$VI=I^2R$）に比例することを学ぶと，発熱量が電流だけでは決まらないことに気づき，矛盾を感じてしまう。また，中学入試には，太い電熱線と細い電熱線が並列・直列につながれた場合の発熱量を比較する問題が出題され，

1）　坪村宏「ボルタ電池はもうやめよう」『化学と教育』46(10), 1998, pp. 632-635。

受験生や保護者を悩ましている。実際に多くの小学校教員にも，2つの電熱線や豆電球の並列・直列つなぎに関する質問が寄せられ，うまく説明できずに困っている。そのため，多くの受験生たちはわけもわからずに，並列つなぎと直列つなぎでは結果が逆になると暗記して，試験に対応している。

中学生になると，生徒は公式を使って並列つなぎや直列つなぎの合成抵抗を求められるようになり，オームの法則で電流や電圧の値を求めて，電力の値を比較して結果を出すようになる。そのため，なぜ並列つなぎと直列つなぎでは逆の結果になってしまうのかは，うまく説明できないにもかかわらず，計算して正答を出してしまう。

確かに，小学校6年『電気の性質とはたらき』では，新学習指導要領解説によると「ウ　電熱線に電流を流すと発熱するが，電熱線の長さを一定にして，電熱線の太さを変えると発熱する程度が変わることをとらえるようにする」という扱いである。実験で電熱線の太さを変えると，発熱する程度が変わることを確かめればよいことになっている。附属小学校でも新単元の研究授業として，電熱線の発熱の様子を表現させる授業を展開したが，様々な表現がなされてうまくまとめることができなかった。

結局，小学校6年での電熱線による発熱は，中学校での抵抗の学習に影響を及ぼさないように深入りせず，実験で電熱線の太さを変えると発熱する程度が変わることのみを確認する程度にとどめるべきなのだろう。

私たちは，中学校ではパチンコバネモデルとコア知識（①電流は分岐するまで一定，②電圧は並列回路内では一定）を用いて，細い電熱線と太い電熱線を並列に

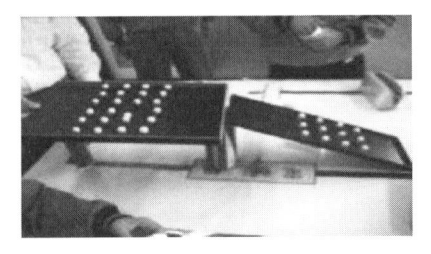

図2-2-3　パチンコバネモデルの操作の様子 (左：抵抗並列，右：抵抗直列)

つながれた場合の発熱量を生徒に考えさせている。

　生徒たちは試行錯誤しながら，細い電熱線と太い電熱線を並列につないだときには，電圧が一定であることから図2-2-3の左のようになり，直列につないだときには電流が一定なるように，太い電熱線の傾斜を緩やかに，細い電熱線の傾斜を急にして図2-2-3の右のようになることを発見し，並列つなぎと直列つなぎでは発熱量の結果が逆になることに納得していた。

4　時間の指示は明確に！

　児童・生徒は，観察や実験の途中で指示や説明をされても，よく聞いていない。観察・実験活動をさせるときには，説明は事前にしっかり行い，活動時間を明確に指示して，時間が過ぎたら作業をやめさせ，説明を聞く体制を整えさせよう。

　活動時間の指示が明確でないと，「○○をやめて，注目！　注目！」「聞いて！　聞いて！」と教員の声が何度も教室に響くことになる。ベテランの教員なら時間を見計らって，「そろそろ終わりにして」で済むかもしれないが，活動に懸命に取り組んでいる児童・生徒に耳を傾けさせることは容易でない。企業の研修担当トレーナーは，みなタイマーを持っていて，作業時間を明確に指示してから活動に取り組ませる。受講生たちは，時間内に作業を終わらせようと集中して取り組み，タイマーのベルが鳴ると手をやめて，一斉にトレーナーの指示に耳を傾ける。

　私も授業でタイマーを使っているが，2分や3分といった短い時間でも，児童・生徒・大学生たちは驚くほど集中して作業に取り組み，ベルが鳴るときちんと作業をやめる。作業に対して与える時間の感覚は，次第に慣れて適切になるが，もし時間が足りないようなら，「あと1分追加します」と言えばよい。時間を指示しないで，だらだらと作業に取り組ませ，「そろそろいいかな？」といって終わらせるのでは，児童・生徒は集中して作業に取り組まない。その結果，チャイムが鳴っても授業が終了せず，「今日は先生が後片づけをするからみんなは教室にすぐ戻って！」という言葉を何度も研究授業で聞いている。

限られた時間で勝負している研修トレーナーを見習い，時間の指示を明確にし，集中して作業に取り組ませよう。

5 「みんなうるさい」の「みんな」って誰？

　新任教員は，よく「みんなうるさいんで，とても授業を見せられる状態ではないんです」と言う。「みんなって誰？」と聞くと，「全体的に」と答える。「じゃあ，次に会う時までに，うるさい時には，誰がうるさいのかよく観察してみて」と宿題を課す。次に会ったときには，よく観察してみると「いつもA君がチャチャを入れて，B君が同調して，C・D・E君が調子にのって，全体がうるさくなる」みたいですと言う。では，「A君が休みの時は」と聞くと，「平和です」と答える。では，「みんなうるさい」というのは，「A君から始まって，B・C・D・E君が同調するんだね」と確認すると，「そうだ」と言う。そこで，まずは「A君にアプローチしてみよう」と作戦会議に入る。「A君自身がうるさくしているという認識を持っているのか」「班長や学級委員に協力を求められないのか」「思い切って小さな声や低い声で話したときの反応はどうなのか」などを検討してみる。この辺りには，理科で鍛えた観察力を学級経営や授業運営にも生かせる。

　最近は，参加型の授業や言語活動の充実がめざされているが，メリハリのある授業にしたい。時に楽しく議論させ，静かに聞かせるときにはしっかり話者の方に耳を傾けさせる。

　理科の場合，観察・実験には危険が伴うので，絶対に静かに聞かせるという覚悟を持って説明を聞かせなければならないときがある。その場合には，全員が静かに注目するまでは，絶対に引かないというパワーが必要である。もちろんプリントやワークシートに，危険回避についてしっかりと記述しておくことは当然だが，騒がしければ，「何か質問でもあるの？」「皆に何か言いたいことがあるの？」「1回しか言わないので注目して！」などと言って，静かにさせる。それでも静かに説明を聞く体制が整わなければ，観察・実験を取りやめることになっても致し方ない。それぐらいの覚悟を持って，観察・実験に臨んで

6 何のための実験なのかはっきりさせよう！

　オーストラリアで理科授業を参観していたときに，教員が何度も"What's the purpose of this experiment?""What's the purpose of this task?"と言っていた。彼らは，何のための実験や活動なのか，はっきりさせてから取り組ませることの重要性を認識していた。日本の研究授業でも，指導主事たちが児童・生徒にしている質問の多くは，「これは何を調べるための実験？」「これは何のためにやっているの？」などである。

　ところが授業者は，実験や活動の手続きばかり説明して，目的については疎かになりがちである。だから，指導主事や参観者は，児童・生徒に実験や活動の目的について尋ねまくっている。小・中学校で目的があいまいなまま実験や活動に取り組んできたツケが，次の大学生の例にも現れている。

> 『はやぶさ』の映画を見て感動したという大学生に，『はやぶさ』は何のために小惑星イトカワに行ったのだと尋ねると，「表面に着陸してのサンプルを採ってくるためだ」と答える。それでは，何のためにサンプルリターンをしたのだと訊くと，「日本の宇宙技術のすごさをアピールするためだ」と答えたりする。どうも私たちは，日頃から何のための活動なのかについてまでは，考える癖がついておらず，面白かったり感動したりして満足してしまうようである。『はやぶさ』がイトカワに行った理由がわかると，もっと感動できるのに残念なことである。

　また，大学生に小学校の理科で何を学んだのかと問うと，「楽しかったことは覚えているけど，何を学んだかは思い出せない」と言う学生が多い。実験や活動に取り組む際には，まず目的をノートやワークシートの一番上に書かせて，何のための実験や活動なのか明確にさせてから取り組ませたい。

7 学習内容理解に貢献する言語活動にしよう！

　教員ならば，日々他者に説明することで自分の理解が深まることを実感していることだろう。そして，よく理解できたことについては，誰かに話してみたくなるだろう。この楽しみを理科の言語活動を通じて，児童・生徒にも味わわせてほしい。

　新学習指導要領では，言語活動の充実がめざされ，理科でも観察・実験の結果について話し合う場面やレポート作成時などに，言語活動の充実を図ることになっている。最近はいろいろな教育雑誌で，言語活動に関する特集が組まれ，言語活動の意義は理解されてきているので，何も知識無しに「とにかく考えてごらん」「とにかく話し合ってごらん」ということはなくなってきた。けれども，充実した活動となっているのかと問われれば，「場合による」としか答えようがない。特に，言語活動が学習内容理解に及ぼす影響については，その効果を実証することが困難である。

　理科授業でも，以前から仮説実験授業などでは，以下のような討論が行われている[2]。

① 問題を読んで予想を立てさせる
② 予想を集計して，分布表を黒板に書き出す
③ 選択肢ごとに選んだ理由を発表させる
④ 討論で仮説の正当性を主張させる
⑤ 討論後に予想の変更を認めて，分布表に反映する
⑥ 観察・実験で仮説を検証させる
⑦ 「読み物」で理解を深めさせる
⑧ 授業の感想を書かせる

　一般的な理科授業では，入試があるから言語活動に取り組む時間はないと言われてきた。しかし，2000年のPISA調査以降，公立高等学校の入学試験にも，発展的課題に対して根拠を挙げて自分の意見を述べさせるような問題が出

---

[2] たのしい授業編集委員会『仮説実験授業をはじめよう』仮説社，2010。

されるようになり，状況が一変した。一般的な理科授業でも言語活動を充実させて，入試に対応することが迫られている。

そこで私は，言語活動により学習内容理解を促進させるポイントとして，「言語活動の目的を明確にする」「学んだ知識が生かせる課題にする」「一貫した説明を促す」の3点を挙げている。

（1） 言語活動の目的を明確にする

学習指導要領（理科）では，小学校で「……見方や考え方をもつことができるようにする」，中学校で「……見方や考え方を養う」となっているので，何でもよいから見方や考え方を持つようになればよいと勘違いして，活動の目的についての検討が十分になされないことがある。単にレポートを書いたり，話し合ったりすることが言語活動の目的ではないので，自分の情熱を傾けられ，児童・生徒の実態とも合致する自分なりの目的をはっきりさせて，理科授業に臨みたい。

私は，理科の言語活動の目的の一つが，証拠に基づいた論理的思考・表現の涵養だと考えている。今後ますます国際化が加速することを睨んで，英語習得がめざされているが，論理は英語よりも幅広く共通で，文化的背景が異なっていても通用するからである。英語は英語の時間でも，読み書きは国語の時間でも育めるので，理科の時間には，観察・実験を重要視するという教科の特性に鑑みて，証拠を基にした論理的な思考・表現を育みたいと思っている。大学生や大学院生になって，就職試験でエントリーシートを書くときや面接を受けたときになって初めて，論理の重要性を認識するのでは遅すぎる。小学生の頃から，理科授業を通して証拠に基づいた論理的な思考・表現を育みたい。

理科の言語活動の目的が，証拠に基づいた論理的思考・表現の涵養に定まれば，単元の目標も「○○の観察・実験を通して，△△の性質を見出し，□□についても説明できる」のように具体的になる。児童・生徒の説明に論理矛盾があれば，躊躇なく介入し，授業にも迫力が出てくる。

（2） 学んだ知識が生かせる課題に取り組ませる

学んだことを用いても手がつけられない課題では，児童・生徒は無力感を感

じてしまう。学んだことを生かして，何とか解答の糸口が見出せるような課題を選択して，児童・生徒に理科学習の有用性を実感させたい。

そこで私たちの研究室では，今までに苦労して学び取った知識を一度整理して，単元のコア知識を獲得させてから，発展的課題に取り組ませている。コア知識を獲得しているので，従来はほとんど授業に参加しなかった児童・生徒も，積極的に説明するようになった姿も見られるようになった。

とは言え，学んだ知識が生かせて，かつ先取り学習した児童・生徒が話し合いを支配しないように，教科書には載っていない，塾でも教えていない課題を見つけるのは難しい。最も良い課題は，実際の授業で出された児童・生徒の疑問である。例えば，「海の底の方は何度なのかな？」という児童・生徒の疑問を聞いたことがあれば，水の密度を学んでから，「深海の水温は何度になるのか？」という課題に取り組ませるとよいだろう。

水深が深くなるにつれて水温も下がるが，0℃以下になると氷になって浮き上がってしまうので，水温にも下がる限度があることに気づくだろう。塾で水の密度は4℃付近で最大になると習ったという児童・生徒がいる場合には，「海水の場合は？」と問いかけてもいいだろう（水深3,000m以深では水温は1.5℃程度で一定になる）。重要なのは，学んだ知識をもとに，論理的に深海の温度が推測できるかどうかである。論理的に深海の温度について考えていくと，水の密度について理解が深まり，水の特別な性質によって地球が支えられていることに気づくだろう。

私も大学生に小・中学校の理科授業のビデオを見せた後に，ビデオの内容に関連する言語活動に取り組ませているが，課題は子どもたちが発した以下のような疑問である。

「海ガメはどうして陸に卵を産むの？」

「太い電熱線と細い電熱線が並列・直列につながれた場合，発熱量の結果が違うのは何で？」

「氷河はなぜ青いの？」

実際の子どもの疑問なので，ストーリーがつけやすく，大学生たちも真剣に

取り組んでいる。そして、「爬虫類の卵は呼吸しているんだ」などと感動して、さらに理解を深めている。

　（3）　一貫した説明を促す

　一貫した説明には、学習内容理解を促したり、発展的課題への既習知識活用を促したりする効果がある。しかし、表面の状況に左右されずに本質を見抜いて一貫して説明するのは、容易なことではない。

　そこで、小学校5年『もののとけ方』で、観察・実験・粒子モデル操作・模擬体験を通して、コア知識となる「食塩水では、食塩の粒が目に見えないほど小さくなり、動いている水の粒に取り囲まれて均一になっている」を獲得させて、様々な食塩の溶解状態について、ワークシートに自分の考えを書かせてから、児童同士でお互いに説明は「筋が通っていますか」と確認させた。その結果、市販のワークテストでほとんどの児童が満点を取り、授業もよくわかったと回答した。

　また、中学校3年生の『酸化と還元』の授業で、酸化還元の説明に広く適用できる「化合力」をコア知識として明示し、生徒同士でお互いに「その考えは筋が通っていますか」と確認させた。その結果、未習課題「たたら製鉄」の説明にも、「化合力」を用いて一貫した説明をするようになり、遅延調査の段階では、「化合力」を用いた説明の割合がさらに増加していた。

　ここで、児童・生徒が誤って一貫した説明を続けた場合のことが気に掛かる。なるべく誤った説明をしないようにコア知識を意識させているが、仮に誤っていても一貫している方が、科学的な考えに転換されやすいと指摘されている。これは、一貫した説明ができるほどにメタ認知（自らの理解状況を把握したり、コントロールしたりすること）が育まれていれば、自分の考え方が誤っていると気づいた時点で、一気に修正できるのだと解釈できる。

　文部科学省が提示している「言語活動を充実させる指導と事例」[3]でも、中

3）　文部科学省「言語活動を充実させる指導と事例」小学校理科：http://www.mext.go.jp/a_menu/shotou/new-cs/gengo/1300866.htm
　　中学校理科：http://www.mext.go.jp/a_menu/shotou/new-cs/gengo/1306154.htm

学校1年『大地のつくりとその変化』の例で，以下のように一貫した説明を促している。

「一部に，岩石の光り具合など第一印象にとらわれてしまった実験班もあったが，『これまでに得た知識や学習経験などが根拠となっているかな』と，問い返しをすることで，より深く，筋道立てた思考へと導くことができた」。

コラム⑤　小・中学校の授業研究の比較

　筆者は，中学校で教員生活をスタートさせ，最初の異動で小学校に赴任した。3年間，小学校勤務を経験した後，中学校現場に戻り，現在に至っている。たった3年間の小学校現場であったが，強く感じたことがあった。それは，小学校の教員は勉強熱心であるということである。

　筆者が勤務した小学校では，子どもの活動や会議がない放課後は，主に教科指導を中心に研修が行われ，学習指導法について学べる体制が整っていた。赴任したばかりのときには理科しか教えることができなかった筆者も，3年目を迎える頃にはどの教科もそれなりに授業を行うことができた。この頃感じていたのは「研修する機会を与えられている有難さ」と「小学校の教員の授業に対する熱意」だった。この思いは，中学校現場に再び戻り，7年が経過する今でも変わらない。

　しかし，教科指導の研修に熱心に取り組む小学校現場であっても，理科の授業を行っていくのは大変であり，理科授業に苦手意識を持つものは少なくなかった。その理由は二つあると筆者は考えている。

　一つは，授業の準備（道具や器具の準備，薬品の調整，観察や実験の手順を覚えることなど）が大変なことである。理科を専門としない教員がこれを行うことは，例えば，裁縫や料理経験のあまりないものがミシンや包丁の扱い方を身につけることや，ピアノを弾いたことのないものが合唱のピアノ伴奏を練習することと同じくらい大変なことだと筆者は感じている（ちなみに筆者は，調理実習において包丁の使い方を説明中，子どもたちの目の前で指を切り，恥ずかしい思いをしたことを今も忘れない）。

　もう一つは，複数の教科を教える小学校教員にとって，理科の優先順位が必ずしも高いとは限らないことである。筆者が特に精力を注いだ教科は国語と算数と体育で，理科ではなかった。子どもたちと接する中で，国語と算数の学習がすべての学習の基礎・基本であると感じたこと，体育主任を任されたことがその理由である。理科の授業研究に力を注ぐ余裕はほとんどなく，理科の優先順位は5番目か6番目という状況だった。このように，問題意識の違いや公務分掌上などの理由によって，優先する教科というのは人それぞれ違ってくるのが小学校現場の特徴であると考えている。

中学校は教科担任制であり，理科の教員は小学校の教員に比べると専門性も高い。故に，中学校の教員が研究授業などで小学校の理科授業を参観すると，物足りなさや授業の欠点などが見え，つい，いわゆる「上から目線」で授業の批評をしてしまったりする。しかし，子どもたちの意見や発想を引き出し，主体的に学習に取り組ませる指導力は，小学校の教員の方が圧倒的に上である。小学校教員の高い指導力と中学校教員の専門性を連携させることができれば，子どもたちの理科の学習を今まで以上に高めることができるとともに，義務教育9年間をかけた系統的な学習が期待できると考える。
　とは言っても，お互いに顔を突き合わせて理科だけの協議や研究を重ねる時間はなかなかとれない。
　そこで，提案である。中学校理科教員と小学校教員がともに小学校理科の指導計画や指導案（準備の方法も含めた内容）を作り，実践してみるというのはどうだろうか。そうすることで，中学校の教員は生徒たちが小学校時代にどのように成長し，知識を身につけていくのか，その背景や様子を知ることができるし，小学校の教員は，授業準備の手間が多少は省けるとともに，自分たちが育てた児童を次のステージ（中学校）でどんな教師に託すのか知ることができ，安心感が持てる。中学校理科教員のノウハウを小学校教師の指導力で味付けして授業に生かしていくとともに，教員同士が互いに人となりを知る。筆者はぜひやってみたいと思う小中連携の形であるが，みなさんはどうだろうか。

（浦安市立入船中学校　勝田紀仁）

3 まとめについて

1　まとめには10分間は必要だと思っておこう！

「チャイムが鳴っちゃったけど，もう少し続けるね」「時間がないので，まとめは次の時間にね」「今日は先生が後片づけをするから」などと，研究授業で何回聞いたことだろう。大概まとめの時間が犠牲になって，十分にまとめられずに時間切れとなる。参観者たちは，まとめで児童・生徒が何を学び取ったのかを確認したいし，教員と児童・生徒，児童・生徒同士のダイナミックなやり取りを見たいと思っている。まとめまでが勝負だと思って，まとめの時間を十分に確保しよう。

何とかまとめようとして，チャイムが鳴っても授業を続ける場面を見掛けるが，児童・生徒は落ち着かないし，廊下は騒がしくなってしまう。そういう事態にならないように，授業構成は余裕を持って，

> 導入5分
> 説明10〜15分
> 活動・実験20分
> まとめ・片づけ10分

くらいを目安にするとよいだろう。

実験結果の発表場面では，教育実習生の手際の悪さが目立つことがある。結果の一覧表を図2-3-1の左のように同時に書けないものにして，すべての班の実験が終わってから，「誰か一人結果を書きにきて」と言うので，渋滞を引き起こす。そして，実験結果を一班ずつ時間をかけて発表させるので，まとめの時間がなくなってしまう。

1班		6班	
2班		7班	
3班		8班	
4班		9班	
5班		10班	

1班	2班	3班	4班	5班	6班	7班	8班	9班	10班

図2-3-1　結果の一覧表の書き方（左：渋滞してしまう例，右：同時に書き込める例）

ベテランの理科教員は，あらかじめグループ内で番号を決めておき，図2-3-1の右のような一覧表に「結果が出たら2番さん結果を書きにきて」と言うので，渋滞はしない。そして，ユニークな結果だけを取り上げて発表させたり，発表者を黒板の前に並ばせて順序良く発表させたりして，時間を節約している。

また，まとめの場面でも，教育学で子どもの意見を大切にすることが最重要だと習った教育実習生たちは，一人ひとりの意見を大切にしようとする。この姿勢は大変素晴らしいのだが，単に意見を並べただけでは，まとめにはならない。ある教育実習生が，理科授業を担当した際も，児童から想像以上に多様な発言が出て来て，その対応に苦慮した。結局，一人ひとりの児童の発言をうまく拾い上げることができずに，無理やり教員の方でまとめてしまったという罪悪感をいつまでも引きずることになった。多様な発言を引き出すことに成功しても，多様な発言を生かしたまとめをするのは至難の業である。ベテランの理科教員たちは，児童・生徒一人ひとりの意見を大切にしながらも，いつの間にか授業の目的・目標に合うようなまとめに至っている。

例えば，小学校6年『てこの規則性』では，てこを傾ける働きの大きさが，「力点にかかるおもりの重さ」×「支点から力点までの距離」で決まるという規則を学ぶ。教育実習生の授業では，「はしからの距離で決まる」などの多様な意見を羅列したものの，うまくまとめられず，結局「てこを傾ける働きの大きさは，力点にかかるおもりの重さ×支点から力点までの距離で決まるのですね。大切だから覚えておいてね」と，教育実習生がまとめてしまう。

94　第二部　研究授業のポイント・見所

　ベテランの理科教員ならば，児童とのやり取りを楽しんで，「重さと長さを掛けたら何か意味あるものになったんだ。すごい発見をしたね」と先生も感動している。そして，「てこのきまりを活用すると，物の重さを比べたり計ったりすることができるんだ」などと，学んだことを活用させることも促したりする。一見関係なさそうな「重さ」と「距離」を掛け合わせると，意味あるものになるという感動が伝わるまとめにしたいものである。

2　まとめでは世界一の板書・ノートを生かそう！

　私は，世界各国の理科授業を見てきたが，日本の板書はピカ一だと思っている。他の国には，「板書」という用語すらなく，メモ書き程度のところがほとんどである。まとめでは，この世界一の板書技術を生かそう。

　小学校では，板書計画に基づき，授業の終わり頃には黒板一杯に彩り豊かできれいな板書が出来上がる。これを授業のまとめに生かさない手はない。時間はなくても，児童・生徒一人ひとりが，美しい板書を手がかりに，自分の言葉で今日学んだことをまとめさせたい。まとめは，先生がするのではなく，児童・生徒にさせることがポイントである（研修やセミナーでも，どれだけ受講生に息

慣性力とは $F[N]=m[kg]a[m/s^2]$ ・・・・・・ ・・・・・・ ・・・・・・	遠心力は？	遠心力も慣性力 ・・・・・・ ・・・・・・ ・・・・・・	慣性力 $F=ma$ 遠心力 遠心力も 慣性力

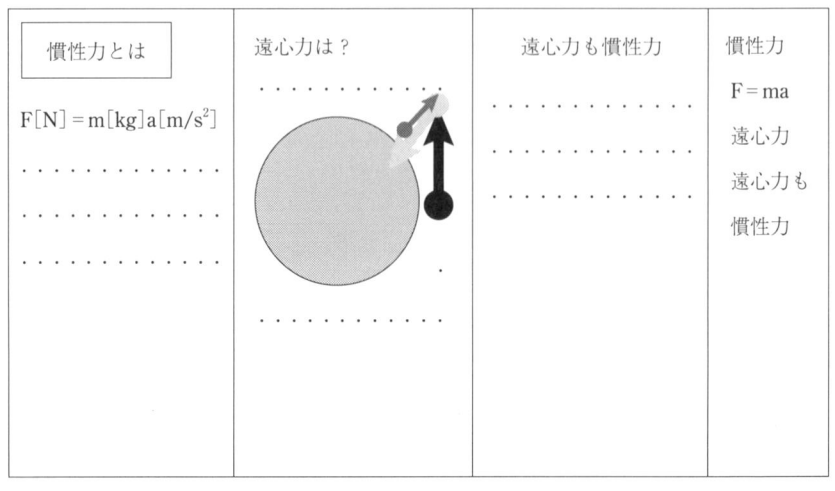

図2-3-2　中学・高等学校の板書例

を吐かせることができるかが，成功のポイントとなっている）。先を急いで練習問題を1題多くこなすよりも，学習内容の定着には有効である。

　中学・高等学校では，黒板1枚の板書では収まらないので，私は図2-3-2のように，黒板を四つの部分に分けている。キーワードが出てくる度に，一番右側に書き写して，左側の三つの部分は，黒板が一杯になれば左側から順次一行ずつ消して新しく書き加えていく。左側が消されても，一番右の部分にはキーワードが残るので，残されたキーワードを使って，授業を振り返ることができる。

　例えば，隣の生徒と向き合わせて，「これから1分間ずつ，今日の授業を右側のキーワードを使って振り返ってみて」と促し，「窓側の人から」と指示すれば，生徒は「今日は，慣性力について学びました。慣性力はF [N]＝m [kg] a [m/s^2] で表され，加速度運動しているときに受ける力で，遠心力も慣性力と見ることができます。ただ，加速度運動しているものに乗っているようなときだけに生じるので，慣性力は『見かけの力』と呼ばれています」のように，合計2分で授業を振り返りができる。この振り返りを通じて，生徒は「今日の授業でこれだけ学んだんだ」という満足感を得る。

　また，児童・生徒が作るノートも他国に類を見ないほど素晴らしい。私は，毎時間見開2ページのノートが作成されるように，ノートよりも少し小さなサイズ（切らずにそのまま貼れるサイズ）のプリント1枚を配布して，左側にピット糊で貼らせ，右側に「今まで学んだこととの関連」「新たに学んだこと」「今日のまとめ」などを書かせていた（第一部13参照）。配布するプリントのサイズや枚数が，授業毎に異なるのでは，プリントを整理する児童・生徒も大変である。できるだり統一したスタイルのものを配布して，きちんとノートに整埋させたい。中間・期末テスト毎にノートを回収してチェックしているが，大変素晴らしいノートになっており，テスト勉強で最高の参考書になったと感謝されることも多かった。

　どんなに感動的な授業でも，後で思い出すときに手がかりがないと引き出せない。まとめをノートにしっかり書かせて，学びの軌跡を蓄積させておこう。

3　質問を受けつけよう！

いつも研究授業を参観して不思議に思うのだが，普段の授業では「何か質問はありませんか？」と尋ねているのに，研究授業で尋ねる場面はあまり見かけない。詰め込みすぎて，チャイムが鳴っても終わらない授業が多い中，余裕を持って質問まで受けつける授業を見たいものである。児童・生徒の突拍子もない質問によって，研究授業を台無しにされたくないという想いはわかるが，参観者は突拍子もない質問に対する答えではなく，質問にどのように対応するのかを見ている。一人が疑問に思っていることは，他の児童・生徒も疑問に思っていることが多いので，質問に直接答えられない場合には，次の授業の課題としよう。次の授業までに，質問にうまく答えようとあれこれと調べるのも楽しいもので，生徒の質問が自分を成長させてくれる機会を与えてくれたと思って，感謝したい。

海外の研究者が日本に来ると，日本での授業やプレゼンテーションは，質問が来ないので楽だという。あるいは，質問が来ないので，場にそぐわないおかしな話をしてしまったのかと思わせてしまうこともある。なぜか日本の生徒は，「授業が終わってから質問しにくる」という悪い習慣を身につけている。質問にきた生徒にしか回答の情報が伝わらないのはアンフェアーだし，教員も授業時間以外に多くの時間を取られてしまう。授業後に質問を受けることはやめて，授業中に質問をするように促してほしい。そうしないと，大学にきた学生たちに，「学問は，学んで問うことだ！」と問うことの重要性を一から教えなければならない。中学・高等学校では，20名程度の少人数の授業ならば，授業の後には質問は受けないとしてもよいだろう。授業がもっと真剣勝負の場になり，授業を受ける生徒の態度も変わってくる。そのためにも，授業中にしっかり質問を受けつける時間を確保しよう。

4　時間以内に終わってこそプロフェッショナル！

小学校ではあまり問題とならないが，中学・高等学校では，実験や実習が長引くと，次の授業に遅れたり，慌しく次の授業が始まることになり，他に迷惑

が掛かる。そして，いつも生徒が授業に遅れてくるようだと，次の授業者からクレームが来る。時間割編成担当者になると，着替えで遅くなる体育や実験・実習で遅くなる理科・家庭科の後には，自分の授業を入れたくないと思ってしまう。そのため，授業は片づけを含めて50分以内に終わらせるものだと肝に銘じておこう。

　実験しても50分以内に終わらせるには，ベル着席は必須である。危険なものは教員が準備するとしても，理科室の配置を工夫して，よく使用する実験器具は児童・生徒が所定の場所から持ち出して，返却するような習慣をつけさせておきたい。研究授業の参観者たちも，実験室の整備状況，児童・生徒の準備・後片づけの様子をよく見ている。実験室の器具の配置がわかりやすく，よく使う器具が班ごとにセットされているのを見ると，日頃からよく実験に取り組んでいるのだと認識する。

　木更津市では，授業研究の負担を軽減し，気軽に授業研究に取り組めるように，「25分間研究授業」を実施している。中でも授業改善フェスティバルでは，現場の教員・教育委員会指導主事・大学教員が，実際に小・中学校で25分の研究授業を行う。私も大学教員の一員として，中学1年生を対象にした『凸レンズの性質』の25分の授業を公開することになったが，最後の一人の発表時にチャイムがなってしまった。まさか25分でチャイムは鳴らさないだろうという甘えがあり，その後の授業研究会では，まったくの評価なしである。後で「たった1分オーバーしただけでしたよ」と声を掛けてくださった参観者もいたが，遅れたレポートに点がつかないように0点である。

　公開研究会や研究授業でも，次の予定が詰まっており，授業が長引くと他に迷惑が掛かり，途中で参観者たちが抜け出してしまう。研究授業は時間内に終わらせ，途中でチャイムが鳴ったら，潔く諦めて，授業を終了させよう。

5　家に帰って家族に説明してもらおう！

　若手教員の中には，親のクレーム対応に苦慮しているものも多い。今の親たちが中学・高校生のときには，校内暴力が全盛で，今でも教員は信用できない

と思っていたり，モンスターペアレンツになっていたりする。

　親の信頼を勝ち取るのは容易ではないが，日々の小さなことの積み重ねから，徐々に信頼してもらえるようにしたい。児童・生徒が学校で学んだことを，家庭でも話すようになると，間接的に親にアプローチできる。何かをよく理解すると誰かに話したくなるので，児童・生徒にも単元の最後までに学習内容をよくわかってもらい，発展的課題に取り組んだ内容を家でも話してもらうようにしたい。

　例えば，以前に述べたように水の密度を学んでから，「深海の水温が何度になるのか？」という発展的課題に取り組ませてもよいだろう。児童・生徒は言語活動によって理解を深め，家に帰ってからも，海の底の温度は何度になるのかについて誰かに話したくなるだろう。そうすると，その話を聞いた家族が「水の特別な性質によって地球が支えられているんだ」などと感心して，教員に少しずつ信頼を寄せる。

　また，中学校2年『気象のしくみと天気の変化』では，寒冷前線・温暖前線について学び，関東付近ではどういう順番で前線が通過するのかが問われる。はじめに温暖前線が通過して，次に寒冷前線が通過するのだが，前線の記号の形から「かまぼこ＞はんぺん」と丸暗記する生徒も多い。簡単な原理「北半球では，低気圧の場合，風が反時計回りに吹き込む」ということから，寒冷前線・温暖前線がどういうふうになっているのか考えてみれば，「かまぼこ（温暖前線）＞はんぺん（寒冷前線）」と丸暗記しなくても済む。

　図2-3-3の左図のような低気圧があったとして，日本付近だと大概下側（南側）に暖かい空気があり，上側（北側）に冷たい空気がある。低気圧では，風が反時計回りに吹き込むのだから，

　［右側］下側の暖かい空気が風に吹かれて上がって，冷たい空気に乗っかって温暖前線

　［左側］上側の冷たい空気が風に吹かれて下がって，暖かい空気の下にもぐり込んで寒冷前線

となる。実際に右側のような天気図になるのもうなずけるだろう。

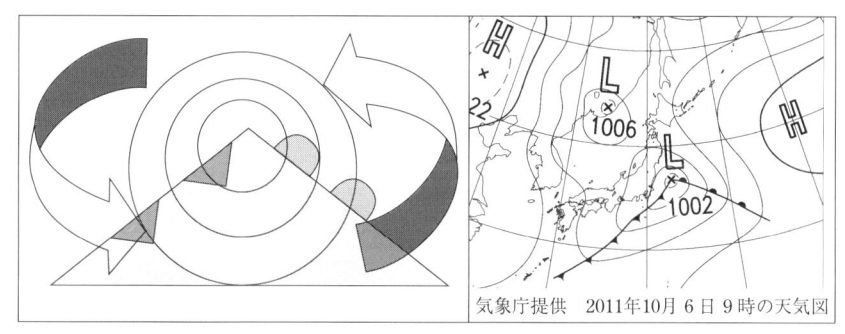

図2-3-3　日本付近の前線の例

　もう，「かまぼこ（温暖前線）＞はんぺん（寒冷前線）」と丸暗記する必要もなく，説明を聞いた家族も，児童・生徒が説明した通りの天気図を，毎日のように新聞やテレビで見て感心する。

　また，6年生『月と太陽』で，太陽と月の位置の関係で，月の形が変わって見えることを学習する。日食や月食のイベントでもあれば，発展的な課題として日食の仕組みを考えさせてもよいだろう。地球から見ると，太陽は月の約400倍の大きさだが，400倍遠いのでほぼ月と同じ大きさ（腕を伸ばして持った五円玉の穴のくらいの大きさ）に見える。これがちょうど一直線上に重なると日食や月食となる。そして，日食や月食についてよくなされる質問「ではなぜ，たまにしか日食や月食が起きないのか」を発展的な課題として考えさせる。

　実は，日食や月食がたまにしか起きないのは，地球の公転面に対して月の公転面が約5度傾いていて，立体交差のようになっているからだと知って納得する。児童・生徒は，家でも同じ質問を家族にして，得意げに日食や月食について説明するだろうし，家族はそんなことまで学校で学んでいるのかと思って感心する。

　児童・生徒が家に帰ると，自然に理科授業でよくわかったことを話し出し，それを聞いた家族が感心するような授業を展開して，少しずつ親の信頼を得たいものである。

6　授業評価を受ける場合の留意点

　ただ授業の感想を書かせると,「つまらなかった」「難しかった」など否定的なものが含まれ,評価を読む側の教員も憂鬱になる。中学生くらいだと,本音と逆のような表現をすることもあり,中には児童・生徒の感想を読んで,教員をやめてしまったものもいるほど,きついことが書かれることもある。

　日本では,なぜか批判をするのが「かっこいい」ように思われる風潮がある。海外では,批判をするなら代案を出すこと,代案が出せないなら安易に批判しないことが常識である。批判だけでは,いかにも無責任なので,授業の批判をするなら代案を書いてもらおう。そうすれば,次回の授業の改善に役に立つ。

　私は,ただの感想ではなく,この授業で学んだことについて書いてもらっている。過去の記憶は美化される傾向にあるので,あまり否定的なものは含まれなくなり,よい点についても多く書かれるようになる。

　最近では,大学でも授業評価アンケートが頻繁に行われているが,アンケート回答前には,必ずはじめの授業から今までを振り返らせて,良いイメージを持たせてから回答させている。そうすると,自分が遅刻や欠席が多いのに,授業を評価する資格が無いことに気づいたり,安易に批判できなくなったりする。

　児童・生徒の中には,授業評価アンケートには本音を書かないものもいる。本音は授業中や休み時間に,ボソっと言うことが多いので,「へー」「そうなんだ」「わかった」「ああ,おもしかった」などとボソっと言った言葉を聞き逃さないようにして,児童・生徒の本音をつかまえておきたい。

7　実験やICT利用時はバックアップまで考えておこう！

　ここでは,ベテラン教員の公開授業の一場面を参考にしながら,実験やICT利用時の工夫や留意点について触れる。紹介する授業の優れているところは,県内屈指の進学校で授業進度を上げていかなければならない状況で,かつ普通教室の授業でありながら,有機化学の分野において随所に教員による演示実験と,ICTによるシミュレーションを体験できるような仕掛けがなされ,

生徒の内容理解が進んでいた点にある。さらに，演示実験における展開の仕方や，ICT利用において細部にわたり，予想外の展開に対する対策や準備，工夫がなされていた点にある。公開授業後に行われた研究会形式のインタビューにおいても心構えの一端を聞くことができ，参考になると考えられたため掲載した。以下，その概要を載せる。

✣･✣

訪問校：埼玉県立大宮高等学校
調査日時：平成23年1月28日（金）12時45分〜16時
調査目的：高等学校でのデジタル活用の現状把握（教科書研究センター主催）
調査方法：授業見学ならびに意見交換
日　程：4時間目　化学授業公開（65分），5時間目　研究協議
授業者：清水武夫　教諭，場　所：2年3組　教室
単　元：第4章　有機化合物
概　要：4時間目　化学授業
アルコールの酸化，第1級アルコール→アルデヒド→カルボン酸，第2級アルコール→ケトン，第3級アルコール，それぞれの反応について説明と演示実験を交えて構成。

授業の展開	演示実験	ICT活用	準備や工夫	優れている点
授業展開，説明は，パワーポイントで作成したものを利用		普通の板書に映写できるよう，黒字のバックに，白い文字で作成	普通教室でプロジェクターを用いて投影していた。前のみ遮光カーテンで十分。	板書の効率化，スムーズな授業展開　計画的な授業
アルコールの構造的な説明		映像を映すと共に，投影のしている上から色チョークを使用		色チョークが，投影機の光で，出光ペンのように見えることを利用
アルコールの性質の説明，実験の説明		デジタルコンテンツの利用「理科ねっとわーく」からデジタルコンテンツをダウンロードし，フェーリング	授業準備の段階で編集をしている	必要な部分だけ集約

		反応，銀鏡反応，の様子を映像で観察		
アルコールの性質	フェーリング反応の演示実験	小型カメラを駆使して，演示実験の様子をプロジェクターに投影	大型試験管や，ビーカーを用いて演示実験実施。複数回演示実験を見せられるように2回分を準備。変化した試験管やビーカーを生徒に渡し座席間で回覧させる。授業前の準備実験で使用した実験結果のものを教室に持ち込み，2列で1つの実験結果試験管（ビーカー）を回す。	どの座席の生徒からも変化の様子が観察しやすい。メモ，記述も生徒の机で可能。回覧により生徒が自分の手元で観察できるような工夫。回覧物を複数準備することで時間の短縮，生徒の授業に対する集中力を維持。
	銀鏡反応	同上。	同上。生徒に体感させるように複数の試験管を準備。ダイナミックに見せる準備ができている。	同上。時間での変化がどの座席の生徒からも観察可能，歓声が上がる。
	ヨードホルム反応	同上。	同上。	ヨードホルム反応が起こる基について，淡黄色の反応を確認した。
演習		正答は伏せておき，授業終了時に解答を合わせる。	一時間の総括として振り返りの時間におけるICTの活用。	生徒に考えさせる時間を担保。

5時間目　研究協議における授業者からの説明，主な質問
【清水教諭の説明（実験やICT利用に関係した部分の概要）】
・授業のペースは極めて速い。そのため，効率化を図る必要がある。
・理科の科目は，授業の中で消化をしなければならないスタンスがあり，ポイントをおさえなければならないので，学習項目を絞りながら展開した。パワーポイン

トの授業は，4月から展開している。
・実物を見せたり感じたりさせることが大切であると考えているが，ICTは，補完するものとして活用している。

【実験やICT利用に関係した部分の主な質疑・回答】

Q：映像と演示実験を両方行うのか？
A：繰り返し見せたい場合，強調したい場合には，両方用意をして使用することとしている。

Q：デジタルを用いることで効果がでるのはどんなところか？
A：中和滴定など操作の内容が必要な部分は，操作を確認しなければならないので，デジタルを利用している。実験の種類にもよるが，結果が分かると面白くないものもあるが，手順や操作が複雑なものや，分析が必要な実験に関しては，事前にそれを学習できるようなICTの活用が望まれる。

Q：ICT活用でさらに高めたいことは？
A：インターネットを活用したいところであるが，セキュリティーレベルが高く活用に困難を感じている。ネットワークにつながっていない状況でインターネットの活用ができない状況である。「理科ねっとわーく」の映像を事前に準備をして加工し活用している。

Q：普通教室で行うのか？
A：実験室は，全学年で一教室であるので他の学年などで実験があると使用が難しい。また，落ち着いた中で授業を行うことが大切であるとの共通理解で普段の授業は，教室で行うことを基本としている。演示は，場所と薬品を用意していくことが必要になっている。

Q：授業で，映像を活用したときに感じた感想は？
A：映像を見ていったんは理解をするが直ぐに忘れてしまう。実験手順などにおいても，実際に自分が実験を行うときには，定着していないので忘れてしまっていることがある。場面場面で必要に応じて映像を取り入れながら，加えて演示実験を取り入れ，内容理解や定着を図っていく必要もあろう。

Q：パワーポイントの授業の活用は，学力の差によって反応に違いはあるか？
A：違いはないと考えられる。それほどの差は感じていない。

Q：プロジェクターの活用に驚いたが，どんな工夫があったのか？

A：映像は，黒字にシロの板書用パワーポイントで作成し，それを投影しながら行っている。昔は，白地にクロを用いていたが，電球の消耗が激しくうまくいかなかった。本校では，英語科において教科書の本文を毎日黒字にシロの板書用パワーポイントを作成し，全員が共有しながら使用し，指導に当たっている。

❖・❖・❖・❖・❖・❖・❖・❖・❖・❖・❖・❖・❖・❖・❖・❖・❖・❖・❖

　公開授業の展開例や，研究協議での質疑をよく読み返していただきたい。清水教諭の授業は，細部にわたり授業準備や工夫が際立っていることがわかる。実験の様子をしっかり観察させたい場合には，一度だけではなく複数回にわたり演示実験を行い，じっくり観察をさせていた。また，演示実験での結果を生徒と共有するために，反応したものを回覧していたが，準備してきたものを含めて数を増やして回覧するなど随所に工夫が見られた。ICTの活用も理科の特性を十分考えながら，必要な内容や場面を十分考えた上で活用を試みている状況が見て取れた。

　このような準備と工夫により，授業進行は進度としては速いものの，効率的であり無駄がなく，教員側に心の余裕と幅が生まれ，自信を持ちながら授業展開がなされているため，テンポが良くメリハリがある。生徒にとっても，内容を深く理解できるとともに，心から授業を楽しみ，見通しを持ちながら授業に取り組んでいることがうかがえた。

8　実験の結果を生かそう！

　研究授業の中でも，子どもたちが自分たちで実験を行い，実験結果について自由に意見を出し合い，クラス全体が大変活気のあることは好ましい状況と言える。授業後の研究協議でも「子どもたちが活発に意見を出し合っていて良かったと感じました」等という指導助言が出たりする。しかし，このような研究授業で一体どんな力をつけたいかと問われると，いささか心許ない状況であることが少なくない。ここでは，研究授業などで行われる実験結果を生かすこととは一体どのようなことなのか，理科の授業を進めていく上で，そもそも理科実験の役割とは何かについて，「(1)理科実験における目的の重要性」という

一つの視点，もう一つの視点として「（2）正しくないデータ・結果の扱い方」の二つを焦点化して考えていきたい。

（1） 理科実験における目的の重要性

「理科で行う実験とは，分析的な行動を伴う観察である」「実験」であつかう事象は，一つのテーマでも多くの学習内容が内在している。子どもたちは，行ったことに心を動かされ，いろいろな事象について羅列的に語りがちである。いろいろな視点から出された「結果」についてそれを羅列的にまとめても，それは，理科ではなく，実験とは言えない。実験では，あくまで目的を定めながら行わなければならないからである。

目的の重要性について，具体的な例を示す。

実験：①炭酸水素ナトリウム84gとクエン酸140gをビーカーにはかりとる。
　　　②ポリエチレン袋①の粉末を入れよく混ぜる。
　　　③ポリエチレン袋の空気を出来るだけ追い出した状態で水100mLを加え，素早く袋の口をひもでしばる。
　　　④ポリエチレンの袋を左右にゆらしながら反応を促進させる。
この実験の結果を書きなさい。

この実験を終えた後に，何も言わずに，「結果を書きなさい」と求めると，以下のような様々な内容が記される。

・冷たくなった。混ぜた液体の温度が下がった。
・気体が発生した。袋が大きく膨らんだ。
・気体が約1mol発生した。
・反応が起きた。
・クエン酸ナトリウムと水と二酸化炭素ができた。

多くの子どもたちは，見たままの結果として複数のことを記入したり，発表したりしてくる。子どもたちは，一つでも多くのことを見つけ出そうと頑張る。いろいろな事象を感じることだけが目的であればそれはそれでよい。しかし，理科では，あくまで目的を設定した観察を「実験」と言う。この例は，目

106　第二部　研究授業のポイント・見所

表2-3-1　学習指導要領項目と実験目的設定の例

中学校の場合	設定する目的	実験	育む資質・能力
学習指導要領　解説（p40） イ化学変化　（ア）化合 　2種類の物質を化合させる実験を行い、反応前とは異なる物質が生成することを見出すとともに、化学変化は原子や分子のモデルで説明できること、化合物の組成は化学式で表されること及び化学変化は化学反応式で表されることを理解すること。	目的　反応させる前とは異なる物質が生成することを確かめなさい。	気体が発生することを確認する実験、また、発生した気体が何であるか確かめる実験（石灰水に通す）	比較する力 分析解釈する力
（ウ）化学変化と熱 　化学変化によって熱を取り出す実験を行い、化学変化には熱の出入りが伴うことを見出すこと。	目的　反応させる前と反応させた後の熱の出入りがあることを確かめなさい。	反応の前後で温度を測定する実験	比較する力 分析解釈する力
学習指導要領　解説（p42） ウ化学変化と物質の質量 （ア）化学変化と質量の保存 （イ）質量変化の規則性	目的　反応させる前と反応させた後の袋の重さについて確かめなさい。	反応の前後で質量を測定する実験	比較する力 分析解釈する力
高等学校の場合			
学習指導要領　解説（p56） （2）物質の変化 　化学反応の量的関係、酸と塩基の反応及び、酸化還元反応について観察、実験等を通して探究し、化学反応に関する基本的な概念や法則を理解させるとともに、それらを日常生活や社会と関連づけて考察できるようにする。	目的　発生した気体について考える。発生した気体の物質量を求める。	量的関係を意識し、反応前後で質量を測定する。	量的関係の概念理解 分析解釈する力
ア物質と化学反応式 （ア）物質量と粒子数、質量、気体の体積との関係について理解すること。	目的　物質量、質量、気体の体積との関係を理解する。	発生する気体の物質量や体積を反応前の物質量から求める。	量的関係の概念理解 分析解釈する力
（イ）化学反応は、化学反応に関与する物質とその量的関係を表すことを理解すること。	目的　炭酸水素ナトリウムとクエン酸の実験より反応に関与した物質の量的関係について理解する	反応後発生した気体を袋から除き質量を測定し、発生した気体の物質量や体積を求める。	化学反応と熱との関係の理解
ウ物質の変化に関する探究活動	目的　実験を行った反応は発熱反応か、吸熱反応かについて理解する。 目的　気体1molが発生したことを確かめる。	上記量的関係の実験 温度測定を行う。	

的を設定していないので理科の実験とは言い難い。理科実験では，育む力に基づいた目的を示し，その目的に沿った視点で事象を観察して，起こっているたくさんの事象の中から必要な事象，すなわち目的に基づいた結果をつかみ取り，それを表現することを鍛えることが求められる。羅列的に結果を挙げるような実験設定にしていると，網羅的に結果を表現した（元気な発表）後に，結論，考察を表現したり，まとめたりする段階で，子どもも教員もお手上げになってしまい，何のために実験を行ったのかを見失ってしまうこととなりかねない。目的は，理科にとって生命線とも言えるのである。目的を定めた実験を行うことを重視し，目的以外の結果を羅列的に語る子どもが出てきたら，しっかりと受け止めながらも，目的に基づく結果をしっかりととらえ，目的と結果の関係性についてクラスの全員で共有して考えを深める必要がある。今回の実験を学習指導要領の項目に沿って目的を設定するとするならば，前ページ表2-3-1のようなこととなる。

（2）正しくないデータ・結果の扱い方

　子どもたちが実験で出してくる値が正しくない場合，どのように対処するかという質問を受けることが多い。「正しい」「正しくない」と判断した根拠や理由を教員がしっかりと把握する必要があろう。どのような過程において，どのような根拠や理由をもとに結論を主張しているのか，研究授業の中においても生徒にしっかりと問う必要があろう。実験は，正しい値かどうかが問題なのではなく，結論を主張するための根拠や理由，根拠を示すだけの論拠や裏付けの関係を自然な形で学ばせていくことが重要である。そうすることで，どのような配慮を基に実験をしたのか，再現性があるのか，行った実験で結論を導くためにその値がどのように寄与するのか，科学探究の過程の姿勢を学ぶことにつながるであろう。

9　ノートにしっかりまとめを！

　ノートは，思考の現れであると言っても過言ではない。ここでは，児童・生徒のノートづくりと，指導者としてのノートづくりの二つの視点から要点を示

す。

（１） 児童・生徒のノートづくり

児童・生徒の学びを整理し，理科で感じたそのものを残すべく理科ノートをコーディネートすることは，理科教員の授業づくりにおける重要なスキルであるとともに，理科教員の大きな役割とも言える。また，生徒のノートづくりは，ただ板書したものをきれいに書き写すなどということではない。授業でのポイントや自分で考えたことなどを整理し，まとめていくことが重要である。ノートは，ポートフォリオ的な役割を果たしているため，しっかりしたノートづくりがなされたら，子どもたちにとっても一生の宝物となると考えられる。また，日々の学習の興味が高まり，学習理解も深まり，自信にもつながるとも考えられる。

ここでは，そんなノートづくりに取り組んだ事例[1]から学んでみたい。示したノートは，高校２年生の化学「硫黄の実験」がテーマとなっている部分である。鮫島教諭は，当時化学担当の際にはＡ３版の実験ノートを配布して，生徒に実験の度に記録をさせていた。毎回，実験毎に「必須記載事項，実験方法，実験結果，まとめについて」等，学習者が実験でつかみ取るべき規準を示し，さらに規準ごとに小項目を設けポイント化されていた。鮫島教諭は，実験ノートを毎回点検し，規準に沿ってポイント評価を行うとともに，コメントと評価をつけて返却した。生徒は，計画された実験をどのように行い，何を学び取るべきなのか，どのようにまとめていくべきなのかを明確に知ることができ，見通しを持って実験を行うことができたようである。そして，１年間で思考や表現の一定のスキルを獲得することができ，学習理解力が高まり，喜びを味わうことができたようである。

この事例において，生徒は鮫島教諭から13項目からなる規準に沿って採点を受け，「実験２⑤において，硫化水素を二酸化硫黄水溶液に通じると，硫黄が生成し白濁することを化学反応式であらわされているか」「濃硫酸の水への反

---

1) 東京学芸大学附属国際中等学校　鮫島朋美教諭の生徒の「実験ノート」より

3 まとめについて　109

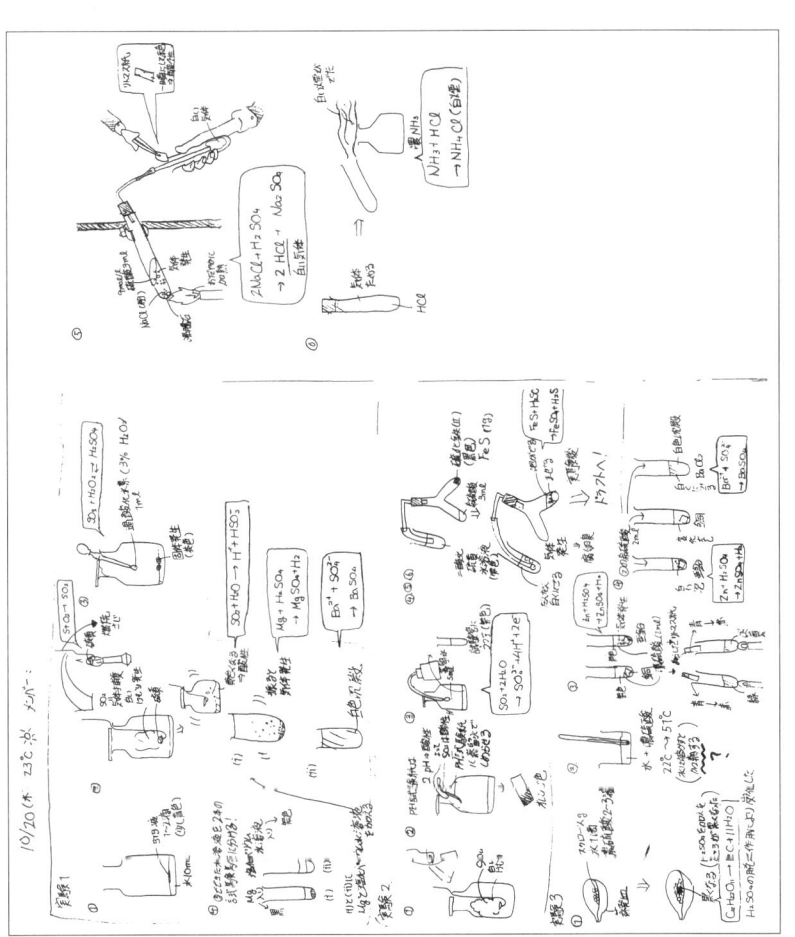

図2-3-4　鮫島教諭の生徒のノートの一部

110　第二部　研究授業のポイント・見所

高2化学　実験ノート評価	実験 硫黄	
①	実験タイトル、方法などをしっかり書いているか。	5
②	全体的に反応の様子をしっかり記録しているか。	5
③	実験1②において、硫黄の燃焼反応を化学反応式（S+O$_2$→SO$_2$）で表しているか。また、BTB液の色の変化から二酸化硫黄が水に溶けると酸性を示すことを記録しているか。	5
④	実験1④において、二酸化硫黄と過酸化水素の反応で硫酸が生成されていることを化学反応式（SO$_2$+H$_2$O$_2$→H$_2$SO$_4$）で表しているか。	5
⑤	実験1⑤において、Mg粉と反応すると水素を発生し、BaCl$_2$と反応するとBaSO$_4$の白色沈殿が生成することが記録されているか。	5
⑥	実験2②において、硫化水素の発生を化学反応式（FeS+H$_2$SO$_4$→FeSO$_4$+H$_2$S）で表してるか。また、発生した気体のにおいについて記録しているか。	5
⑦	実験2⑤において、硫化水素を二酸化硫黄水溶液に通じると、硫黄が生成し白濁することが化学反応式（SO$_2$+2H$_2$S→2H$_2$O+3S）で表されているか。	0
⑧	実験3①において、濃硫酸の脱水作用について記録しているか。	5
⑨	実験3②において、濃硫酸の水への溶解が発熱反応であることを記録しているか。	0
⑩	実験3③において、濃硫酸と金属の反応で加熱する前はほとんど反応していないが、加熱すると濃硫酸の酸化力により二酸化硫黄（SO$_2$）が発生することが記録されているか。	0
⑪	実験3④において、希硫酸との反応で、亜鉛を入れると水素が発生し、銅をいれても反応がなく、BaCl$_2$水溶液をいれるとBaSO$_4$の白色沈殿が生成することが記録されているか。	5
⑫	実験3⑤において、塩化ナトリウムと濃硫酸の反応により塩化水素HClが発生することを化学反応式（NaCl+H$_2$SO$_4$→NaHSO$_4$+HCl）で表しているか。	5
⑬	実験3⑥において、塩化水素とアンモニアの反応により塩化アンモニウムの白煙が生じることと化学反応式（NH$_3$+HCl→NH$_4$Cl）を示しているか。	5

提出点	内容点	合計
0 ~~40~~	50 ~~65~~	50

図2-3-5　鮫島教諭の評価シートの一部

応が発熱反応であることを記録しているか」「濃硫酸と金属との反応で加熱すると濃硫酸の酸化力により，SO$_2$が発生していることが記録されているか」といった3項目について「記述がない」との評価を得た。鮫島教諭によると，「生徒は，評価規準を示すことで，自分の記述の具体的な改善点について理解ができ，より質の高い記述を心がけるようになる」とのことであった。

（2）　指導者のノートづくり

　同じ学校に勤務していれば，生徒実験は毎年同じ時期に，同様の内容を取り扱うことが多い。実験準備の際にも岩佐実習助手がまとめたノート等が参考になる。このノートの優れていると考えられる点を挙げる。
①　図や絵で示すことによって，準備時間が削減できる。
②　図や絵で示すことによって，全体や各班に準備するのに必要な薬品の量や器具数をイメージし易い。

③ まとめについて 111

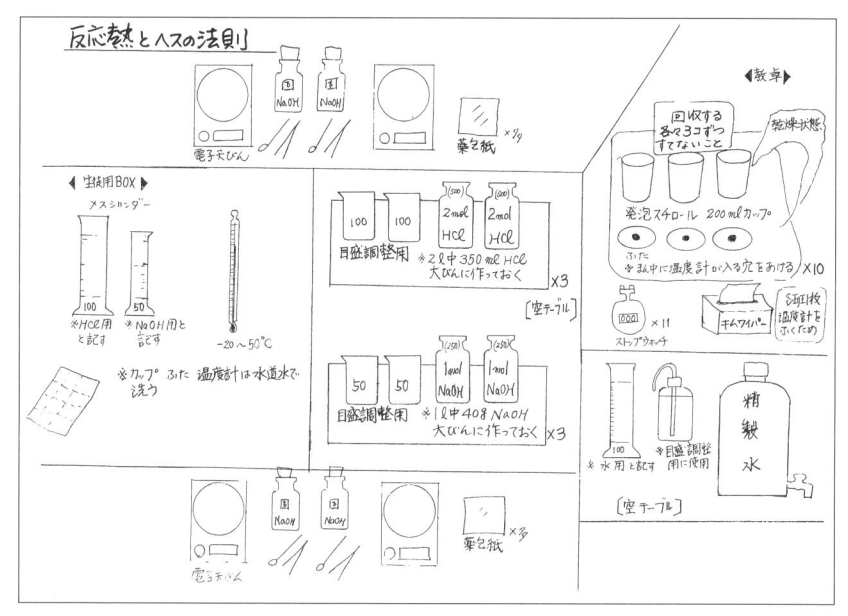

図2-3-6 実験準備ノート[2]

③ 毎年の実践を踏まえて，注意事項を書き加えることで準備や指導の反省につながり，次年度の役に立つ。
④ 人事異動等が激しい学校においても，実験準備や実験内容の把握が容易である等である。

多忙な教員生活の中で実験準備をしなければならない状況を考えると，例に示した岩佐実習助手のようなノートを作っておくことで，授業の計画・実施・評価等に活用できること，さらに，授業を構想，展開する力がつくことが期待できる。また，研究授業時に慌てることなく，以前の授業を参考にしながら，必要なものを準備することができるものと考える。

2) 埼玉県立鳩ヶ谷高等学校　岩佐則子実習助手の「実験準備ノート」より

コラム⑥　授業研究の成果と課題

　皆さんは授業研究にどのようなイメージを持っていますか？「準備が大変だ」「指導者にいろいろと言われていやだ」「勉強になる」などなどいろいろな思いがあると思います。

　私が初任のとき，初任者研修で授業を行いました。融点測定の授業でしたが，もともと授業が下手にもかかわらず，緊張のあまりとんでもない授業になってしまいました。校長先生からもしっかり指導されました。指導案も今でも残っています。見られたものではありません。それから，わかりやすい授業をめざしてきました。授業が下手ですと，学級経営もままなりません。小学校・中学校ともに，児童生徒の1日の大半は授業が占めています。学校で一番大切な授業がわからなければ，児童生徒も信頼してくれません。ですからわかりやすい授業ができるということは，教員にとって重要なことなのです。

　では，どのようにしてわかりやすい授業をめざしたか。それは，授業研究でした。この歳になるまで，毎年要請訪問や千葉市教育研究会の授業を行いました。2年目から毎年です。千葉市教育研究会の授業は5回の授業を実施しています。また，他の授業研究に参加して，議論をしてきました。そのお陰もあって，中学校のほぼ全単元を網羅することができました。

　その成果は何とか人並みの授業ができるようになり，文部科学省の教科調査官にも授業が見せられるようになり，初任者に授業について，お話できるところまで成長したように思います。今年度も授業研究を行いましたが，今でも授業が始まる前まで緊張します。授業が終わると事前の準備に時間を掛けただけ，良い授業ができたように思います。

　さて，授業研究の良さを紹介したいと思います。

【授業研究の成果】
① 授業研究を行う単元のエキスパートになれる!!

　授業研究を行うとなると，その単元の教科書，指導書をかなり読み込み，どのように単元を組み立てるかを考えます。また，生徒にとってどのような方法が理解が深まるのか，いろいろと考え教材や教員の工夫をします。

　一番うれしいのは，教科指導員の校長先生や指導主事の先生から，ご指導していただけることです。若いうちは苦言も言われるでしょうが，自分の気づかなかった点や，工夫のポイントを教えていただける良い機会です。中には，その単元の資料や関係する資料をお土産に持って来てくださる指導者もいらっしゃいます。自分はその資料をまだ持っており，時々見直しては，授業に活かしています。

　このようにして，授業研究が終わると，その単元には自分なりのこだわりもでき，単元のエキスパートとなっていることが多いと思います。

② 人のつながりができる!!
　授業研究を行うには，自分の学校の理科部会の協力が必要不可欠です。自分の学校の理科部会の先生との絆が深まります。これは，理科教員としての財産となっていきます。学校の理科部会のメンバーだけでなく，地域の教育研究会の推進委員のメンバーや指導主事や校長先生まで，理科のことについてお話ができるようになります。そのつながりはすばらしくないですか？　ちょっと困ったときに相談できる人が授業研究によってできるのです。
③ 授業が改善される!!
　授業研究をすることによって，授業が改善されていきます。それは，授業をどのように展開すれば，良い授業になっていくかを熟慮するからです。さらに，どんな教材教具がよいのかもよく考えます。これは，生徒にとっても，われわれ教員にとっても両方によいことです。
　また，各学校には自校の研究主題があります。その研究主題に迫るために，研究の仮説を立て，それを検証するのが研究授業です。この研究主題に迫るために工夫をすることで，授業がさらに改善されます。もちろん，自分自身が自校の研究にも精通することができるようになります。

【授業研究の課題】
① 研究のための研究になってしまわない
　大切なことは，児童生徒が授業で理解できること（わかる授業の展開）です。これを忘れてはいけません。理論や教材，教具が先行して，児童生徒の理解や発達が二の次にならないようにしたいものです。
② 若手だけの部会
　学校によっては年齢構成が若い世代だけの場合もありえます。ベテランの先生の意見が聞けず，どのようにして良いかわからない学校もこれから出てきます。そのときには，地域の教育研究会の先生や指導主事の先生に相談してみるとよいでしょう。直接指導してもらえる場合もあるでしょうし，近い学校の面倒見の良い理科教員を紹介して下さる場合もあると思います。困ったときには遠慮せず，相談することをお勧めします。
　授業研究を行うことによって，教員としての重要な役割の授業がよくなります。若いうちにたくさん行うことを私は薦めます。　　　　　　（千葉市立新宿中学校　今井　功）

第三部
検討会・成果発表について

　今までは，検討会に出席して物理的空間を共有していれば，参加しているとみなされたが，これからは出席していても意見を言わなければ，次回から出席しなくてもよいと言われてしまう時代となった。本書を参考に，授業研究に参加する意味を考え，積極的に参加・貢献してほしい。

　また，せっかくの研究授業も，授業研究会で終わらせてしまうのはもったいない。実践で得られた貴重な知見を，できるだけ多くの理科教員と共有したい。学校の研究紀要では読者が限られるので，学会や研究会でも発表することをめざそう。

　そのためには，研究授業の前から計画を練って，調査問題を作成したり，発言やノートの記述などの資料をしっかりと保存したりしておきたい。この作業は，教育とは直接関係のない余計なことだと思えるかもしれないが，教員としての成長の足跡を残すことになる。もちろん教え子たちの成長も宝だが，自身の成長の証しもしっかり残しておきたい。

1　検討会について

1　言い訳ばかりでは成長しない！

　最近，授業研究会に指導・助言者として参加すると，「子どもたちの目が輝いていた」「生徒は積極的に活動していた」など，活動に着目したコメントが多くなっていることに気づく。逆に，授業者の意図と学習者が獲得したこととの関係や次の授業の改善につながる具体的なコメントが，少なくなっているように思われる。

　授業者の方でも，「つたない授業でしたが，子どもたちはよく頑張っていたと思います」などと自評したり，研究主任が，「時間が無くて十分な研究にはなっていませんが」などと前置きしたりして，率直なコメントが出にくい雰囲気にしていることもある。その結果，せっかく授業を公開しても，あまり有益なコメントがもらえず，仕方なく自分の順番をやりすごすだけになっているケースも見られるようになってしまった。

　今まで授業研究によって，素晴らしい日本の理科授業が支えられてきたが，防衛的な授業研究が蔓延してしまうと授業改善が進まず，素晴らしい授業が継承されなくなってしまうのではないかと危惧している。言い訳ばかりで防衛的な授業研究に陥らないように，大量退職が迫っているベテラン教員は，勇気を持って今まで受け継いできた理科授業研究のノウハウを，至急若手に継承してほしい。絶対数が少ない30・40歳代の中堅教員は，積極的に従来の知見を若手に橋渡ししてほしい。若手教員は，従来の知見を受け継ぎながらも，自分たちの持ち味を生かして，さらによい授業研究を創り上げてほしい。

　そのためにも，若手教員は積極的に自分の授業を公開し，授業研究会でベテランや中堅教員にチャレンジしよう。チャレンジがうまくいかなかったとしても，授業を公開することが授業研究への最大の貢献なので，十分に役割を果た

している。授業研究会でもらった貴重なコメントを生かして，自分自身の授業を振り返り，従来のものを超える理科授業を展開していってほしいと願っている。

2　批判をするなら代案を！

　研究主任は，忙しい中準備をしてきた授業者に敬意を払いながらも，批判を受け入れ，学校全体で受けとめると宣言しておこう。ただし，批判は具体的に，事例に沿ったものにしてもらい，できるだけ代案を出してほしいと要望しておく。「しなやかな子どもたちへの配慮」「キラキラとした子どもたちの眼差し」「子どもたちのつむぎ合い」など，素敵な表現が用いられると，表現自体に感心してしまい，どうしてそのようになるのかという肝心な点へのアプローチが疎かになってしまう。わかったつもりにさせられるような表現により，本質や問題点が隠されてしまう場合もあるので，次の授業につながる具体的なコメントを促したい。

　例えば，「板書は児童が後から見てもわかるように書く」「明確な発問を準備する」といったコメントが出た場合には，「具体的にはどういうことでしょうか？」と説明を促す。そうすると，「板書は，目的・目標を左上に四角で囲んで，まとめは色を変えて右下に収まるように書いて欲しい」「『とにかく考えてみよう』という発問は曖昧なので，『てこの決まりが成り立つ場面を挙げてみよう』のように具体的な発問にしてはどうか」のように具体的になり，今後の授業にも生かせる。

　意見が出にくいようなら，まず4・5人のグループで司会者を決めて話し合ってもらい，グループ内で出た意見や質問の中で，最も発言したいものから順番に，他のグループと重ならない質問・意見を一件ずつ短く発言してもらう。時間の許す限り，各グループに何巡か発言の機会が与えられれば，参観者たちも満足し，有用な質問や意見が多く出てくる。

　質問を受けた場合には，質問の内容をよく聞き，「○○ということについてお答えすればよろしいでしょうか」と確認しておく。その間に，考えを整理で

きるし，質問を全体で共有できる。応答はできるだけ簡潔にし，応答に自信が持てない場合は，「○○までは答えられますが，△△の点については今後の課題にいたします」のように答えておこう。聴衆は答えそのものよりも，応答時の態度を見ているので，自信を持って応答してほしい。授業者側では答えられないが，重要だと思われる指摘がなされた場合には，機転をきかせて全体で話し合ってもよいだろう。

3　すべてに，誰でもは，無理だと思おう！

　よく授業研究会や教育研究会で，「すべての児童・生徒に有効なもの」「すべての単元で利用できるもの」「誰でもできるもの」「いつでもできるもの」について検討される。しかし，一般化をめざすと「一人ひとりの学びを丁寧に『看る』」のようなスローガンとなり，具体性に欠けるものになってしまう。理科の授業研究では，今見てきた授業場面に沿って，具体的な検討をしたい。教える内容や児童・生徒の状況に依存しない教育方法は存在しないか，多くの限界を抱えていると思っておいた方がよいだろう。

　私は，大学の教育実践センターに職を得て，10年間教育方法を研究してきたが，教育方法は教える内容に強く依存していると気づいて，理科教育教室に異動した。今は，単元ごとに授業を開発しているが，時々教育学や教育心理の教員から，「あなたには内容があっていいね」と羨ましがられることがある。教育学や教育心理の教員たちも，特定の教科内容をターゲットに研究している方がいる。それほど，内容に依存しない方法を見出すことは難しい。

　だから，地道に授業実践事例を積み重ねて，検討することが重要となっている。教員はプロフェッショナルとして，積み重ねられた知見を参考にしつつも，児童・生徒の状態や学校・地域の状況に応じて独自の教え方を構築していくことだろう。1から10まであるメソッドに沿って，ロボットのように教えたくはないだろうし，内容や児童・生徒が異なれば，単一の教育方法でうまくいくとは限らない。だから教育は面白いし，教員は日々成長する必要がある。

> **コラム⑦**　　初任者がやってきた①

　年度末の３月に，私の勤務校へ理科の初任者が赴任して来るという話を聞いた。毎年１〜３名ほどの初任者が学校現場にはいるものだが，自分と同じ教科の初任者は数年に一度あるくらいだろうか。どんな若者が来るのか，楽しみだった。

　自分も大学を出たての"新人"だった頃があるわけだが，もう何年も過ぎてしまい，すっかり"中堅"になっていた。教頭から「指導教諭を頼むぞ」と言われ，正直私で良いのかな？と思った。実は私はこれまで中学校で働いてきた理科教諭なのだ。２年前から現在の高校で働くようになった「新人？」なのだ。新人高校教諭の指導をしていくことに一抹の不安があった。また，教育実習なら数週間だが初任者は１年間の指導のため，その責任は重い。

　私が高等学校に赴任してからというもの，毎日の授業を通じて感じていたことは，中学校に比べて高校の授業は専門性が高いことである。職場の同僚たちは教材研究，授業準備に多くの時間を費やしている。教科書や指導書に頼らず，専門書や原著を使って自作教材やカリキュラムを作成しているものもいるのだ。理科は（物理・化学・生物・地学）の４領域がある。このうちの一つを専門として４名の理科教諭が配属されるのが基本となる。今回の初任者配属は，物理を担当するために国立大学の理学部物理学科を卒業したものが選ばれたのである。

　春４月，新年度がスタートして，初任者がやってきた。体育会系の明るい挨拶がさわやかだった。聞けばバドミントン部に所属していたという。歓迎会の意味も込めて，理科を担当する同僚たち（私を含めて３人）と共に昼食会を近くのそば屋で行った。

　彼の名前は佐藤利夫（仮名）。地元の採用枠が少ないため，千葉県の採用試験を受け合格したので，つい数日前にこちらへ引っ越してきたばかりである。これまでに自分が学んできた物理の楽しさや法則の美しさを，生徒に教え伝えたいと希望に燃えているように私には見えた。後に彼は「物理は理科の王様」だと私に言ったりもしていたのだが"新人"はこれくらいでちょうどよいと思う。負けず嫌いでエネルギーがあふれるくらいでないと，生身の生徒たちを相手に毎日の授業を創造していくことは続かないだろう。

　新学期が始まる前に，授業の指導案を作らなければならない。【本時の目標】と【展開】のみの略案を作り，事前に私と検討会を開くことにした。１年間続けていくのだからマラソンを二人三脚でやるような感じだ。時に理想と現実のギャップにつまずくことがあった。また，時に新人故の怖い物知らずで突き進み，好結果を導くこともあった。その繰り返しの中で，彼は理科教員としての力をつけていくことになる。

　〜初任者がやってきた②へ続く〜

初任者がやってきた②

　毎日の授業を創造することは，やりがいのある仕事だ。生徒がいてこその授業だから，生徒が主役である。50分間の授業展開中に，科学的な思考をしてクラスメイトとコミュニケーションする場面を設定する。生徒が役者（主役）なら，教員は演出家である。

　佐藤先生と授業の打ち合わせをした。初めての授業だから自己紹介が一般的だ。でも，生徒の立場になって考えると，国語，数学，英語，社会……と自己紹介ではうんざりしてくる。初めて生徒と会う「出会いの授業」は大切にしたい。理科はこれからの1年間が，わくわくドキドキの授業になることを想像してもらえるような自己紹介にしたい。それにはやはり"実験"だ。

　カセットコンロのガス（液化ブタン）を試験管に入れ，ガラス管付きゴム栓をして火をつけた"聖火リレー"をやりたいと佐藤先生は言い出した。液体部分の試験管を手で温めると，火柱はかなり大きくなる。音を立てて燃え上がる火柱は迫力がある。しかし，安全面も考慮しなければならない。生徒から生徒へ手渡すことは驚いて試験管を落とす（投げ捨てる？）危険を伴う。そこで佐藤先生から直接受け渡しをすることにした。

　予備実験を行い，ガラス管の太さや試験管の大きさをいろいろ変えて，最適の実験器具をそろえた。思いつくのとやってみるのでは大違いである。事故を防ぐ意味でも予備実験は大切だ。そうした準備の後に，笑顔で実験に向かう生徒の姿があったことは言うまでもない。

　ところで，授業研究，校内研修に関して，高等学校と中学校では相違点がいくつかある。私の狭い見識からと前置きさせていただくが，日常的に授業を他の教員に見せ合う習慣が，高等学校には少ないと感じる。指導主事要請訪問や公開研究会が，学校体制の取り組みとして行われていないので，指導案の形式も各教科で統一する必要が無いのだろう。そのため校務分掌に研修部を設ける必要が無いのかもしれない。理科の場合，高等学校では開放講座やSPP，SSHなど，専門性を生かした公開や授業研究に取り組むところがある。しかし，中学校では毎日の授業を改善していくヒントをつかむために，教員がお互いに教科の枠を越えて地道に錬磨する雰囲気がある。

　夏を迎える頃には毎日の授業に佐藤先生なりの味が出てきた。彼の授業はワークシートが用いられ，本時の学習内容の要点がB4サイズにまとめられている。授業の最後には生徒が感想を記入し提出する。佐藤先生は次回の授業までに，1枚1枚朱書きを入れて返却している。生徒と理科のキャッチボールをするわけだが，根気がいる取り組みだ。若い情熱を感じる。放課後は部活指導の後，夜遅くまで職員室に残っていることも多いようだ。体をこわさないかと心配にもなる。そんなある日に相談を持ちかけられた。

　「初任者研修の代表授業を，引き受けても良いですか」
　おいおい，それは大変なことだぞ……。　〜初任者がやってきた③に続く〜

初任者がやってきた③

　初任者には「初任者研修」がある。毎週火曜日は赴任校を離れ，初任者が集まって合同の研修が行われる。講話を聞くこともあれば，ベテラン教員の授業を参観して指導を受けることもある。また，自分たちで作った指導案を実践し，意見交換することもある。初任者（各教科グループ）の中で1名が代表授業を行う研修プログラムは，そんな官制研修の一つだ。佐藤先生は自らこの課題を引き受けたいと言うのである。今だから言えるが，下手な授業をやれば"指導教諭は何をしているんだ"と言われかねないので，本音はやめて欲しかった。しかし，若い佐藤先生は突き進む。私は覚悟を決めた。

　私は，授業研究には大きく分けて2種類あると考えている。それは「普段の授業研究」と「特別な授業研究」で，どちらも大切な授業研究だ。中学校や高等学校では普段の授業において，同じ授業内容を展開してもクラスによって生徒の反応が違うことが多い。その違いに敏感に対応していくには，経験を積むしか無いだろう。また，実験に使用する器具の選択，写真やグラフなどの資料提示方法は，わずかな工夫でよりわかりやすく改善されていくものだ。そういった経験の蓄積によって改善されていく授業研究を「普段の授業研究」ととらえている。では，「特別な授業研究」とはどのようなものか。それは授業者の強いメッセージ性が伴う見せる（魅せる）授業を創造することだ。私が平成16年に作った指導案づくりを例に，なぜ「特別な」のか話そう。

　題材は『地球の大きさを測る』というもので，離れた2ヶ所（経度は同じ，緯度は違う）の南中高度の差から計算で求めるのだ。2300年ほど前のエラトステネスが算出した方法に基づき，現代のICT器機を使って遠く離れた場所と瞬時に連絡を取り合う。時間と空間に大きな広がりを持つ授業を，ごく普通の教室からでも実践できることを見せる（魅せる）のがねらいだ。協力してもらう離れたところにいる人を探すために，日本地図を見てほぼ同じ経度上にある博物館，少年自然の家，学校などに電子メールを送った。北は小樽海上保安本部，南はオーストラリアの日本人学校から協力を取りつけた。

　このような授業準備は，普段は行えない。まさに「特別な」のだ。さらにこのような授業研究の場合，先ず「ICT器機を活用した授業を作りなさい」と研修部長に言われ，器機を利用する必然性を授業の中に盛り込む。器機の利用という縛りがあるので，授業者は知恵を絞ることになる。こういったことも「特別な」理由だ。

　「普段の授業研究」が生徒に目を向けているとすれば，「特別な授業研究」は授業の可能性に目を向けている。車の両輪のようにどちらも無くてはならない研究だ。

　佐藤先生は夏から準備を始めて，秋に見事な代表授業をやり遂げた。「特別な授業研究」の成功は「普段の授業研究」を積み上げる，地道な取り組みのエネルギーになっているようだ。私自身は佐藤先生への指導を通じて，若い突っ走るエネルギーに刺激された1年間だった（終）。

（千葉県立上総高等学校　西山宜孝）

2 成果発表について

1 教育研究はやってみなければわからない！

　教育研究は，理科実験のように明確な結果を出せるものは少なく，やってみなければわからないことが多い。私は授業を開発したら，必ず大学生を対象に試行して，改善を重ねてから，児童・生徒を対象にした検証授業を行っている。それも，思ったほどの成果があげられない例も多い。今まで多くの教員が，新たな授業や教育方法を開発しようと懸命に努力してきたが，授業後に教科書準拠テストで比較しても，トーク＆チョークの授業と大差ないことが多かった。そのため，少なからぬ教員が，時間やお金をかけてまで授業や教育方法を開発するのを諦めてしまった。

　私たちの研究室では，これだけ素晴らしい授業を展開したのだから，どこかに差が出ているはずだと考えて，試行錯誤の末に授業後数ヶ月経過した時点で遅延調査を実施したところ，学んだ内容をよく保持していたことを示せた。以前は，「トーク＆チョークの授業と差がないのでは取り組む価値がない」と批判されても，説得力のある反論ができなかった。今では，遅延調査の結果を示して，学習内容理解を保持していると主張できるようになった。

　上述のように，素晴らしい授業が展開されたと思っても，具体的な成果を示すことは難しい。もし，明確な成果が得られたなら，必ず学会や研究会で発表して，その成果を他の教員たちと共有してほしい。

2 時間を生み出せないか考えてみよう！

　以前は，「夕方になると犬の散歩をしている教員がいる」「学童に子どもを預けて共働できるのは，公務員・看護婦・教員ぐらいだ」と言われ，教員には時間的余裕があると思われてきた。しかし，2007年1月27日の週刊東洋経済特集

号で，教員の勤務実態が明らかにされ，特に中学校教員は忙しいと言われるようになった。

そのため，目の前の仕事が忙しくてとても研究などしている暇がないと言われることが多くなった。確かに，観点別評価・総合的な学習の時間・キャリア教育・若手教員育成・保護者の苦情などへの対応で，ますます教員が忙しくなっている。そして教員には，勤務時間だけでははかれない児童・生徒・親・同僚などとの人間関係に伴う心労もある。

研究には取り組んで欲しいが，次の個人タクシードライバーの例を見ても，今以上に工夫する余地はないと言われれば，研究は無理だと思って諦めている。

個人タクシードライバーの行動

朝：運転免許センターの最寄り駅で客待ち
　多くの受験生はバスかタクシーを利用するので，数が稼げる。

午前中：病院の最寄り駅で客待ち
　乳児検診などの日程も調べておく。ここでも数が稼げる。

昼休み：他のタクシードライバーが一斉に休むので忙しい
　数が稼げるとわかっていても，他のドライバーは休んでしまう。

1時以降：遅めの昼食・休憩
　他のドライバーよりも，ゆっくり長く休める。

午後：催物をチェックしておき，修了時刻に合わせて会場に車をつける
　他のドライバーは夜に備えて仮眠をするが，戦略的に行動すればこの時間でも必ず客は拾える。

夜：銀座・赤坂などの繁華街からちょっとはずれたところで客待ち
　繁華街の中心から抜け出すのも大変だし，店から転がり出てきた酔っ払いを乗せてトラブルになったり，車内を汚されるのを避けたいので，繁華街からちょっとはずれたところで客待ちをする。
　夜もほどほどに切り上げて，次の日の朝に備える。毎日規則正しく勤務し，決して無理はしない。

参考文献：西村晃『「ポスト・イット」で3倍伸びる仕事術・勉強術』知的生きかた文庫，1999

今では，職員室も運動会状態だが，企業は去年と同じことをしていると生活水準が下がってしまう"The new normal"と言われる時代に突入し，社員は世界中で競争するためにダッシュしている。

能力はすぐには改善できないが，スケジュールは今日から管理できる。できる人は，必ずどこかで時間を生み出して努力をしている。私がオーストラリアで出会った天才JACKは，毎日同じリズムで時間を作り出し，複数の博士論文を書きあげ，日本語・タイ語もマスターした。その方法は，毎朝4時に起床し，15分刻みで耳・口・手など異なる部位を使う学習をローテーションして，早朝3時間，夜2時間の学習時間を確保していた。アルコールを控えたり，部屋の至るところに植物を置いたりするなど，食事や学習環境にまでも気を配っていた。

時間はみんなに等しく1日＝24時間＝1,440分＝86,400秒あるので，タクシードライバーやJACKの例を参考にして，何とか研究に割ける時間を生み出せないか考えてみよう。「明日からちゃんとやろう」から「今日だけ頑張ろう」と考え方を変えるだけでも，1日の生活が変わってくる。そうすると不思議と次の日も頑張れるものである。

3　アイデアはすぐに消えるので書き残しておこう！

「今さら研究といっても新しいアイデアが浮かんでこない」という話をよく聞く。しかし，自身の生活を振り返ると，通勤電車の中や歩いている最中に，様々なアイデアが浮かんでいることに気づく。問題は，浮かんでくるアイデアをうまくとらえられないことである。

私の場合，通勤時の武蔵野線：市川大野〜船橋法典間は，アイデア産出のゴールデンタイムである。発想が豊かな人は，アイデアが浮かびやすい場所や時間帯を知っていて，意識して利用している。アイデアは消えやすく，研究室についてから思い出そうとしてもなかなか思い出せない。ポスト・イットやタックメモを常に上着の胸ポケット入れておき，気づいたときに必ずメモするとよい。私はタックメモを取り出すのを忘れて洗濯機にかけてしまったことがある

ので，それ以来手帳や書きかけの論文を常に持ち歩き，アイデアが浮かぶとその場で書き込んでいる。そして，朝研究室に着いたら，昨日研究室を出てから今朝までに浮かんだアイデアを，関連する論文や報告書のファイルに打ち込んでいる。これにはアイデアを処理するだけでなく，論文や報告書の書き出しのハードルを低くするという効果もある。とにかく打ち込んでファイルにアイデアを溜め込み，コンピュータの編集機能を用いて後で編集する。一度原稿を書くのをやめてしまうと，なかなか次に書き出せないので，書きつづけることが大切である。はじめは，これしか書けないのかと先が思いやられるが，アイデアを積み重ねるごとに面白い原稿となり，是非多くの人に読んでもらいたいと思うようになる。この本も，そうやって書いている。

　印刷する場合にも工夫して，様々な形式で印刷し，何度も読み返す。段組みやフォントを変えたり，色付の用紙に印刷したり，電車の中で読むなど環境を変えたりすると誤りが見つけやすくなる。話し言葉は，すぐに消えるので多少の誤りや矛盾があっても気にならないが，書いた物は何度も読み返せるので，ちょっとした誤りや矛盾でも気になる。英語も，英会話なら多少の誤りは許されるが，英文e-mailに誤りが多いと馬鹿にされる。大学生や大学院生でも，就職試験でエントリーシートを書く頃になると，書くことの重要性を認識する。書くことで，論理も鍛えられ，年上の同僚や保護者にも堂々とした説明ができるようになる。

　教員の身分のまま大学で1年間研究する長期研修生たちも，研究論文や報告書を書くことで，今まで学級通信などをいい加減に書いていたことに気づくと言う。そして，書くことで冗長な説明の無駄が省かれ，発表会での説明も論理的でわかりやすくなる。研究論文を書くこと自体が，授業改善にも生きるのである。

4　授業分析をしてみよう！

　これまで授業計画の立て方，授業のやり方について述べてきた。ここでは，実際に実践した授業を振り返って考えてみるときに，どのように授業を見る

か，見ればよいのか，自分の授業と他の人の授業をどのように比較するかについて考えていきたい。通常，小学校に入学してからこれまでの間で非常に多くの授業を受けてきたであろう。それらの授業を受けてきて，学年進行によって，教員によって，授業の様子はまったく異なるものであったのではないであろうか。例えば，小学校1年生の国語の授業と中学校3年生の理科の授業では，同じ学校の授業とは言えないくらいの違いとなっている。中学校3年生の理科の授業に限って考えてみても，同じ内容を教えている授業であっても，隣のクラスの理科授業と比べても同じというわけではない。では，それらの授業の違いはどんな要素に起因するのか。ここでは，授業の違いを明らかにするための授業分析の観点や具体的な方法について述べていく。

そもそもなぜ授業分析を行う必要があるのか。その理由は，第一に，授業研究の一部として授業分析というものがある。授業研究とは，よりよい授業を行うための活動である。近年，よりよい授業を実践するための取り組みであるこの授業研究がアメリカやオーストラリアをはじめ国際的にも高く評価されている。授業研究は，授業実践，授業分析，そして授業評価の三つのプロセスのサイクルによって成立するものである。つまり，よりよい授業を実施するための授業研究の成立のために授業分析が必要不可欠である。そのため，授業分析は，ただ単に，第三者的立場から生徒および授業者である教員の活動や行動を観察するだけでなく，自分自身がその授業の授業者であるならば，という意識を常に持つことが必要となる。どんなに的確に授業を分析できようとも，教員が最終的にめざすべきは，よりよい授業を実践することだからである。しかし，授業を冷静に，かつ客観的に振り返ることができなければ，どれだけ実践を積み重ねようともよい授業を構築することは難しい。万が一よい授業実践を実施することができようとも，冷静で客観的な振り返りができなければ，その実践のレベルを維持することはできないのである。

理科授業において一般的によい授業とは，教員が生徒一人ひとりに，学習指導要領に示された目標を着実に理解させる授業であるとされている。現行の学習指導要領における理科の目標は，「自然の事物・現象に進んでかかわり，目

的意識をもって観察，実験などを行い，科学的に探究する能力の基礎と態度を育てるとともに自然の事物・現象についての理解を深め，科学的な見方や考え方を養う」である。授業分析する際には，何よりもこの目標を踏まえつつ，授業者がこの活動のどこに力点を置いて授業を行っているか考えて分析することが必要である。授業を実施すると反省すべき点は必ずある。しかし，単に悪い点を羅列してもよい授業につながらない。なぜ，その問題が生じたのか，どうすれば防げるのかを授業分析を含めた反省会等で論ずることが改善につながる。そのためにも，自分自身で授業を参観するための視点を絞り，問題意識を持つことが重要となる。授業者の発問や指示，生徒の反応，板書内容，主な時間の経過等，参観した授業の記録はなるべく綿密にとることも基本となる。そして，参観後に感想や疑問点，自分なりの解決案など深く考え，授業者や他の参観者とお互いにその後の授業改善や教材研究に生かすのである。

　（Ⅰ）　授業を参観するときの具体的な視点

（1）　学習指導の目標は何か。どんな教材・学習材が用いられているか。

学習目標，本時の目標は，授業者以外でもわかりやすく，適切であるか。

（2）　学習指導にはいかなる方法が用いられているか。

学習目的到達のための方法は適切であるか。指導上の工夫として，主に以下の4点を挙げることができる。①グループ編成（実験活動を何人で実施するのか）などの学習環境および形態には，理科独自の観点である観察・実験器具の準備なども含まれる。②板書の構成（文字の大きさ，色チョークの使い方，教員の文字の書き方（筆順））といった基本事項をはじめ，授業内容に関連しては，課題，指示が明確であるか，生徒の反応を反映しているかなども検討事項である。③教員の話し方（言葉遣い，生徒の呼名の仕方，声の大きさ等），④わかりやすい発問や指示，発問に対する予想される生徒の反応が適切かなども含まれる。

（3）　生徒一人ひとりへの評価や支援はどのようになされているか。

生徒一人ひとりへの具体的な支援の有無を確認するためには，生徒一人ひとりの個性がどのように生かされているか，また，配慮されているか等が挙げられる。理科授業の場合，観察・実験の結果に基づいてまとめる，全体の意見や観

察・実験の結果からまとめる，教員が一方的にまとめない，授業中の評価としては，通常の評価（4観点による観点別評価）に限らず，自己評価のさせ方や自分自身の授業評価の方法も考慮すべきである。

（2）授業分析の方法

授業分析の方法として代表的なものの一つにフランダースの授業分析がある。フランダースによる授業分析の方法は，教員と生徒の発言を以下の分析カテゴリーに基づき分類することから始まる。授業中の教員と子どもの発言を3秒ずつの単位で表3-2-1のようなカテゴリーに基づき分類しながら記録していく。このカテゴリーによって，例えば，ある授業中の発言が「5-5-4-3-8」と記録された場合，その記録をもとに，「5-5, 5-4, 4-3, ～」というように，教員と生徒の発言を細分化していく。つまり，発言前後の発言を考慮することにより，相互作用を明らかにしようとするのである。その後，細分化された「5-5」などは，表3-2-2のマトリックスを用いて，再度分類する。そして，表3-2-2のどの組み合わせが多くカウントされたかによって，その授業を相互作用の特徴を明らかにしていく。実際，新人教員と熟達教員の同じ内容の授業で比較した場合，表3-2-2のマトリックスには明らかな相違が見られる。

授業分析は，子どもたちにとってかけがえのない授業場面を分析する活動で

表3-2-1　相互作用分析カテゴリー

教員の発言	対応	（1）感情の需要 （2）賞賛と励まし （3）生徒の考えの受容と活用
		（4）発問
	主導	（5）講述 （6）指示 （7）批評と権威の正当化
生徒の発言	対応 主導	（8）生徒の発言＝応答 （9）生徒の発言＝主導
沈黙		（10）沈黙と混乱

（佐藤学『教育方法学』岩波書店, 1996, p. 82）

表 3-2-2　カテゴリー分析によるマトリックス

前＼後	1	2	3	4	5	6	7	8	9	10
1	教員の 間接的影響							生徒の発言を促進する教員の対応		
2										
3										
4										
5					教員の 直接的 影響					
6										
7										
8	生徒の発言に対する 教員の反応									
9										
10										

(佐藤学, 同前, p.82)

ある。そのため，生徒の学習活動の妨げにならないようにすることはもちろん，いくつかの点に注意する必要がある。まず授業者の意図を十分生かし，尊重する姿勢が必要となる。そのため直接授業を参観し分析する場合は，授業者の許可なく生徒へ話しかけることはしてはならない。もちろん，参観者同士の私語などは厳禁である。ビデオなどにより授業を記録し分析する場合は，ビデオの撮影やICレコーダーによる会話の録音などのために，授業を記録する機材を通常の授業に持ち込むこととなる。そのことにより，授業は特異な状況へと変化するため，十分注意する必要がある。

　よりよい授業分析を実施するためには，授業で使われている教材にも，事前に目を通し，できれば学習指導案の教材観から，その教材に対する授業者の教材観をつかみ，自分の教材観との違いを明確にし，それを一つの問題意識とし

て授業参観に臨むとよい。もちろんそのためには，授業者以上に教材研究を行うことが最低限必要となる。最後に，より多くの授業を参観・分析することをお勧めしたい。教材，クラス，学年を超えて一つでも多くのよい授業を参観し，生徒の反応や指導方法にどのような違いがあるかなど，比較研究することがよりよい授業を実践するための近道となる。

5　意見が出にくいようならワークショップ形式で！

　近年注目されている協同的な学びの効果は，子どもの学習の場に限定されるものではない。教員同士の検討会などの場面においても積極的に取り入れることで場の活性化がなされる。そのことを含め，本節では活発な検討会を行うための工夫を提案する。

　　（1）　子どもの学びと学習指導を視覚化しよう

　検討会参加者の積極的な発言を容易にするためには，具体的な資料がある方がよい。授業計画や学習指導案はもちろんだが，実際の授業風景を録画した映像や子どもの提出物を用いて，子どもの学びや実際に教員が行った学習指導などを視覚化することで実際に行われた活動内容の振り返りが容易となる。

　授業者と検討会参加者が学習指導案とともにそうした授業記録を材料としてともに検討を行うことにより，授業者は自分の授業を客観的にとらえることができるし，検討会参加者は発言の根拠を明確にすることができる。

　　（2）　教員の思いと子どもの実態を比較してみよう

　視覚化された資料を用いて，教員が作成していた学習指導案と実際の学習活動とを比較する場合には，具体的な場面を区切って，そこで見られる子どもの学びと指導の意図や効果について議論をするとわかりやすい。

　教員の想定とは異なる結果となった授業展開や，検討会参加者の印象に残った指導場面などが具体的な場面として挙げられやすい。一例を見てみよう。

　表3-2-3の事例①は，中学校第1学年を対象とした理科第2分野の授業「身の回りの植物」において，学校裏の林で植物観察を行った学習活動の様子を時間軸に沿って示した表の一部である。4名で構成されている1班と，授業

表3-2-3　事例①　中学校1年「林の植物を観察しよう」(学校裏の林での観察中)

学習者の行動・発言	教員の行動・発言
(1班：A～Dの4名) (校庭から林に入り，少し歩いたところ) A「暗。寒む。」 B (両腕をさすりながら) 　「ね。木，大きくない？」 C「先生，植物の観察って無理じゃない？ 　届かないし。」 A「太陽？葉っぱが邪魔だから？」	(複数の班が見られる位置にいる。1班が近くにいる。) T (直接Cに答えず)「(Aに) 林が(通ってきた)校庭より暗くて寒いのは何で？」 T「うん，葉が日光を遮っているからだね。(Cに) それを描ける？」

を担当している教員の会話が分けて記入されており，具体的な一場面が書かれている。

　授業計画時に教員が想定した学習のねらいは，まず，林に実際に入り，林を構成する高木の葉が，互いに重なりを避けるようについていることに気づくことにあった。そこから，高木の葉が効率的に光合成を行えるよう広がっており，林全体を覆っているため，地表付近には光があまり入らないことや，そうした日陰にはスギゴケなど種子植物とは異なる植物が生息していることに気づくことにあった。

　実際の授業の場面の振り返りは，この表のように紙面に書き出したものを使って検討をする場合と，撮影した映像等を使いながら検討をする場合とが考えられるが，この場面の状況についての検討会で，どのような話題が出るだろうか。想像してみよう。

　まず，林に入った学習者Aの発言や学習者Bの行動から，教員がねらいとしている林の地表付近にあまり光が入らないことによる暗さや肌寒さを，子どもが体感していることがわかる。

　一方で，学習者Cの発言からは，観察対象と観察方法についての見通しが

立っていないことがわかる。ここから，検討会のテーマの一つに，観察対象と観察方法に関する事前指導の在り方が浮かぶであろう。

事例①ではその後，教員が学習者Cの発言に直接返答するのではなく，学習者Aに問いかける展開となっている。このとき教員が学習者Aに問いかけた意図やその効果については，新たな検討テーマとなるであろう。

このように，具体的な記録があることによって，時間軸に沿って事実に即した検討を行うことが可能となる。

（3） 参加者全員でテーマを考えよう

検討会で話し合いたいテーマや場面について，司会者が会場からの意見を求めても，全員が斜め下を向いていたり，いつも決まった人だけが語ったりするということはないだろうか。検討会を真に有意義なものとするためには，参加者全員の意見が検討会の場で共有できるような工夫が大切である。

参加者全員が検討会で話し合いたいテーマの決定に関与する工夫の一つとして，付箋紙等を活用する方法がある。

まず，検討会参加者は個々に付箋紙あるいはメモ用紙の束を持ち，各自が授業を参観しているとき，もしくは授業を記録した映像を見ながら，疑問に思った場面や印象に残る場面とそれらが起きた時刻，疑問や印象に残った理由を簡潔に付箋紙等に書き起こす。その際，紙1枚につき，1場面を記入することとする。

授業終了時もしくは検討会が始まる前に，拡大した学習指導案など時間軸が明記されている大きな表を用意し，参加者自身が自らの書いた紙を該当する時刻のところに貼りつけていく。こうすることで，参加者全員の疑問に思った場面や印象に残る場面を一覧で示すことができる。

検討会のテーマや時間にもよるが，司会が時間軸に沿って貼り出されている疑問や意見を読み上げたり，枚数の多い場面からテーマを選んだりすることで，参加者の疑問や意見が表出しやすくなる。

また，あらかじめ配付する紙の色で，授業者，指定討論者，一般参観者等，発言者の立場の区別をすることが可能である。他にも，印象に残ったところと

疑問に思ったところを色分けすることなども可能である。検討会のテーマに即して，工夫を考えてみるとよいであろう。
　（4）　少人数グループでの話し合い活動を導入しよう
　さらに検討会に参加した者同士の話し合いを活性化する工夫として，参加者を少人数のグループに分け，全体会に先立って小グループ内での検討を行うことも有効である。
　その際にも，上述のように各自が記録した用紙を持ち寄り，時間軸に沿って貼り出すことで，参加者全員の疑問や印象に残っている事柄が明確になる。
　参加者それぞれが用紙の内容をともに読み，検討することにより，同じ疑問を持っていることや，同じ場面に異なる印象を持っていること，自分では気づかなかった新たな視点を知ることなどが期待される。
　参加者グループの話し合いで出された意見や疑問を集約して，全体検討会を行うことにより，参加者全体の問題意識が明確になり，活発な全体会になるであろう。
　また，参加者の年齢や勤務経験，立場などが多様な場合には，少人数グループの編成方法にも気を配ってみよう。似通った年齢，勤務経験の人同士が集まった少人数グループで話し合うと，特定の視点から見た意見が集約されやすい。似通った人が集まった少人数グループで意見をまとめた上で，他のグループの意見を聞くことにより，一つの授業を多角的にとらえることが可能となる。一方で，最初から異なる年齢，勤務経験の人同士で少人数グループを構成した場合には，少人数グループ内で多様な視点からの討論がなされることが期待される。その際，参加者が自らの年齢や勤務経験を気にすることなく発言がしやすくなるようにするには，上述の付箋紙を使った活動など参加者全員の意見が出しやすくなる活動を導入することが有効であると考えられる。
　こうした少人数グループでの話し合い活動を取り入れた検討会の場合，グループ構成をどうするか，授業者や指定討論者がどの場面でどの程度話し合いに加わるのか，少人数グループでの話し合いと全体会との時間配分をどうするかといった検討会全体のコーディネートが大変重要になってくる。

6 授業評価の方法

　授業研究の成果を研究会や学会などで発表するにあたっては，行った授業実践を評価することが必要となる。ここではそうした授業評価の方法について取り上げていく。

　（1）　授業を評価する方法や評価した結果は必ずしも一つではない

　私たちは授業の過程で子どもの学びについて目標に準拠した絶対評価を繰り返し行っている。これは子どもの学びを横断的かつ縦断的に評価し，多角的にとらえるために必要なことである。私たちが自らの授業について評価するときにも，当然のことながらその評価の目的を明確にし，その目的に応じた評価方法をとることが求められる。

　評価の目的によっては質的調査が行われる場合も，量的調査が行われる場合もある。調査対象を何に定めるかによって得られる結果も異なりうる。研究者は自分の行う研究が何を明らかにするのかについて細心の注意を払って評価の方法を定める必要がある。

　（2）　評価の目的と評価の方法の多様性

　例えば，授業計画が評価の対象である場合，評価の目的は計画された授業が適切なものであるか否かを明らかにすることにある。自分の作成した授業計画が妥当なものであるかどうか，確認してみよう。授業実践そのものが評価の対象である場合には，実践による学習者の学びが重要な要素となる。こうした評価の目的とそれに呼応した評価の方法についていくつかの場面に分けて考えたい。

　①　**設定した目標の妥当性**　　設定した目標の妥当性はどこで評価できるだろうか。まずは，単元全体について設定した目標が，学習指導要領に示されている当該学年の目標や内容区分と照らし合わせて適切であるかどうかが一つの判断規準となる。単元の目標がその学年で育てたい力と呼応しているか，授業の目標が，その単元目標の中に適切に位置づけられているかを確認してみよう。

　学習指導要領の各学年の目標には，子どもに習得させたい問題解決の力，見

方や考え方，調べる観点が表記されている。それらに沿った目標が立てられていたかを確認することで，目標が適切であったかどうかが評価できる。

　もう一つの評価規準として，設定された目標が実際に授業を行う学級にいる子どもの実態に即していたかどうかがある。これを判断するためには，授業計画の段階で学級の子どもの実態をどのようにして把握したかが問われる。

　近年，学習導入段階で子どもが持っているイメージや概念を探る手法が多く使われるようになってきている。それらの方法を用いて子どもの実態を示すと，目標設定の妥当性がわかりやすい。

　例えば，小学校第3学年「昆虫の体のつくりとはたらき」を扱う学習導入時の子どもの実態を把握するときに「虫」に関するイメージマップを作成してもらうことがある。イメージマップとは，中央に書いた言葉から連想する言葉を線でつないでいき，視覚化する方法である。「虫」という言葉から，どういう言葉を連想するか，子どもの実態を探ってみよう。

　まず，「カブトムシ」「カミキリムシ」など「ムシ」という言葉がついている昆虫が浮かぶ場合がある。また，「毛虫」「イモムシ」「ミノムシ」「シャクトリムシ」など，昆虫の幼虫を示す言葉が浮かぶ場合もある。さらに，「ひっつきむし」「泣き虫」「お邪魔虫」など「ムシ」という言葉は入っているが，昆虫ではないものを連想する場合もある。一方で，「ムシ」という言葉は入っていないが「トンボ」「チョウ」などの昆虫を連想する子ども，昆虫ではないが「クモ」「ムカデ」などを連想する子どももいる。

　こうした子どもの実態をうまくとらえ，それに即した発問や授業の展開がなされていただろうか。学習指導要領に即しているかどうかだけではなく，授業を行う学級の実態を把握し，それに呼応した展開が計画されているかどうかも授業評価の大きな観点の一つである。

　イメージマップ法の他にも，描画法やコンセプトマップ法など，子どもが持つ考えを引き出す手法は多くある。行いたい内容に即した子どもの考えの引き出し方を多く学んでおくことで，子どもの実態を把握し，それに基づいた発問や授業展開の立案ができるようになる。

② **目標と評価の呼応**　目標は設定しただけではいけない。設定した目標について，実践を通して達成できたかどうかを評価する必要がある。授業時に学びの成果をどこでどのように評価したか，それが目標と呼応するものであったかということは，授業評価の大切な要素の一つである。

評価するべき内容が当該学年の目標や評価として適切であるかどうか，その授業で目標とすることが観点別評価のいずれに相当するものなのかなどについては，文部科学省による平成22年の通知「小学校，中学校，高等学校及び特別支援学校等における児童生徒の学習評価及び指導要録の改善等について」に附記されている「各教科等・各学年等の評価の観点等及びその趣旨（別紙5）」を参照するとわかりやすい。以下の表3-2-4と表3-2-5は小学校理科の部分を抜粋したものである。これらは平成20年に改訂された小学校学習指導要領に則って記されている。従前のものと比較すると，観点を四つに大別している点は同じであるが，従前の「科学的な思考」が「科学的な思考・表現」に，「観察・実験の技能・表現」が「観察・実験の技能」となっている。

この変更については，文部科学省が通知の趣旨を明確にする参考として作成した「学習評価に関するQ&A」を踏まえると以下のように考えられる。

今回設定された評価の観点は，学校教育法等に示された学力の要素（基礎的・基本的な知識・技能，課題を解決するために必要な思考力・判断力・表現力等，主体的に学

表3-2-4　小学校理科の評価の観点及び趣旨

観点	自然事象への関心・意欲・態度	科学的な思考・表現	観察・実験の技能	自然事象についての知識・理解
趣旨	自然に親しみ，意欲をもって自然の事物・現象を調べる活動を行い，自然を愛するとともに生活に生かそうとする。	自然の事物・現象から問題を見いだし，見通しをもって事象を比較したり，関係付けたり，条件に着目したり，推論したりして調べることによって得られた結果を考察し表現して，問題を解決している。	自然の事物・現象を観察し，実験を計画的に実施し，器具や機器などを目的に応じて工夫して扱うとともに，それらの過程や結果を的確に記録している。	自然の事物・現象の性質や規則性，相互の関係などについて実感を伴って理解している。

（文部科学省：小学校，中学校，高等学校及び特別支援学校等における児童生徒の学習評価及び指導要録の改善等について（通知）　別紙5「各教科等・各学年等の評価の観点等及びその趣旨」より引用）

表3-2-5 小学校理科の評価の観点の趣旨

観点\学年	自然事象への関心・意欲・態度	科学的な思考・表現	観察・実験の技能	自然事象についての知識・理解
第3学年	自然の事物・現象を興味・関心をもって追究し，生物を愛護するとともに，見いだした特性を生活に生かそうとする。	自然の事物・現象を比較しながら問題を見いだし，差異点や共通点について考察し表現して，問題を解決している。	簡単な器具や材料を見付けたり，使ったり，作ったりして観察，実験やものづくりを行い，その過程や結果を分かりやすく記録している。	物の重さ，風やゴムの力並びに光，磁石の性質や働き及び電気を働かせたときの現象や，生物の成長のきまりや体のつくり，生物と環境とのかかわり，太陽と地面の様子などについて実感を伴って理解している。
第4学年	自然の事物・現象を興味・関心をもって追究し，生物を愛護するとともに，見いだした特性を生活に生かそうとする。	自然の事物・現象の変化とその要因とのかかわりに問題を見いだし，変化と関係する要因について考察し表現して，問題を解決している。	簡単な器具や材料を見付けたり，使ったり，作ったりして観察，実験やものづくりを行い，その過程や結果を分かりやすく記録している。	空気や水の性質や働き，物の状態の変化，電気による現象や，人の体のつくりと運動，動物の活動や植物の成長と環境のかかわり，気象現象，月や星の動きなどについて実感を伴って理解している。
第5学年	自然の事物・現象を意欲的に追究し，生命を尊重するとともに，見いだしたきまりを生活に当てはめてみようとする。	自然の事物・現象の変化とその要因との関係に問題を見いだし，条件に着目して計画的に追究し，量的変化や時間的変化について考察し表現して，問題を解決している。	問題解決に適した方法を工夫し，装置を組み立てたり使ったりして観察，実験やものづくりを行い，その過程や結果を的確に記録している。	物の溶け方，振り子の運動の規則性，電流の働きや，生命の連続性，流水の動き，気象現象の規則性などについて実感を伴って理解している。
第6学年	自然の事物・現象を意欲的に追究し，生命を尊重するとともに，見いだしたきまりを生活に当てはめてみようとする。	自然の事物・現象の変化とその要因との関係に問題を見いだし，推論しながら追究し，規則性や相互関係について考察し表現して，問題を解決している。	問題解決に適した方法を工夫し，装置を組み立てたり使ったりして観察，実験やものづくりを行い，その過程や結果を的確に記録している。	燃焼，水溶液の性質，てこの規則性及び電気による現象や，生物の体の働き，生物と環境とのかかわり，土地のつくりと変化のきまり，月の位置や特徴などについて実感を伴って理解している。

（文部科学省：小学校，中学校，高等学校及び特別支援学校等における児童生徒の学習評価及び指導要録の改善等について（通知）別紙5「各教科等・各学年等の評価の観点等及びその趣旨」より引用）

習に取り組む態度）に合わせて整理されたものである。そのため，「科学的な思考・表現」は，従前の「技能・表現」で評価されていた「表現」ではなく，理科で学習した知識や技能を活用して思考・判断したことと，それを表現する言語活動等とを一体的に評価する観点として設定されている。

一方，従前の「観察・実験の技能・表現」が「観察・実験の技能」となったのは，観察や実験の結果等を表現することが重視されなくなったということではない。従前の「観察・実験の技能・表現」と「観察・実験の技能」の観点では評価する内容はほぼ同一であるものの，「科学的な思考・表現」の観点との混同を避けるために名称が変更されたとされている。そのため，基本的には「観察・実験の技能・表現」の観点で評価している内容は引き続き「観察・実験の技能」の観点で評価することが適当である。つまり，科学的な思考の過程やその結果の表現を前者では求めており，観察や実験の過程や結果の適切な表現を後者で求めていると考えられる。

これらを基に，単元全体の目標や単元計画が適切であったか，抜け落ちているものがないか，逆に一つの観点ばかりを過剰に評価をしていないか，全体を俯瞰して確認してみよう。その上で，本時の目標は単元全体の評価のどの部分と関わっているか，その目標が達成されているかどうかをどのように評価しているかを確認することで，学習評価の適切さに関する評価がしやすくなる。学習指導案を作成するときに，先人の作成した学習指導案を参考にすることがある。そのときに，従前の学習指導要領に従って記載されている評価の観点をそのまま書き写してしまっているということはないだろうか。現在の理科に求められている観点と比較して，不足している観点はないだろうか。もちろん，同一の学習内容について異なる年に行われた学習指導案を収集し，比較調査をすることは，その時代に重視したい評価の観点や，それに呼応した目標の設定について考えるという点などから有意義な活動と言える。それらを踏まえつつ，現在の授業の立案ができていることは一つの評価に値すると言えるであろう。

学習を評価する観点について，その評価方法が適切であったかどうかも授業評価の大切な要素となる。先に述べたイメージマップ法やコンセプトマップ

法，描画法などの子どもの考えを表出する活動を積極的に取り入れたり，ポートフォリオを作成したりすることで，学習の過程を教員が評価するとともに，子ども自身も評価できるようにすることは，主体的な学びを促進する契機となるであろう。

さらに，協同的な学びの過程において，他者の学びを評価し，他者から自らの学びを評価されるという経験を経ることにより，多角的に学習をとらえ，自らの学びに客観的な評価をすることや，その後の学習活動の指針を自ら探ることができるようになることも期待される。

こうした子ども自身による自己評価，相互評価などの機会が設けられているかどうかも授業を評価する観点の一つになるであろう。

③ **教材等の妥当性**　扱った教材が適切であったかどうか，また，教材の提示方法が適切であったかどうかも授業を評価する際の一つの観点となる。配付資料や板書，提示した映像等も同様である。それらの評価をする際には，授業を記録した映像に見られる子どもの学習活動の様子や，子どもの記録物などから見られる学習の成果などを手掛かりとして，授業者が目標としていたことや子どもの学びに，教材等が有効であったかどうかを判断することとなる。

教材の内容や授業者の構想によっては，一つの授業の中だけではその教材を十分に評価できない場合もある。それまでの学習過程や以後の授業展開，単元全体を俯瞰して初めてその意義が十分に理解されることもあるので，評価をする際には，授業内での使用状況によってのみ判断するのではなく，以後の展望などの教員の意図についてもしっかり把握した上で評価をするようにしよう。学習指導案に述べられている単元計画や本時の教材観，板書計画等がその手掛かりになる場合もある。

その授業で扱っている教材や，教材提示の方法，板書の良かったところや改善点などに気づいた場合には，どの場面でどうしていたことがよかったのか，または，どうした方がよかったのかについて，授業記録などを基に具体的に記録しておくようにしよう。評価の根拠が明確になる。

④ **学習成果の評価**　学習成果の評価は，授業内で行う評価の他に，学力

調査等による調査において，あるいは他の教科など異なる文脈で活用できるかどうかなど多様な場面で評価されうる。理科の授業のことは理科の授業の中で評価するものだと考えがちであるが，子どもをより横断的に評価する過程として，異なる教科や学校生活の授業とは異なる場面で理科の学習成果を評価することもありうる。

子どもは様々な場面で，日常で遭遇した自然事象について興味・関心を持って原因を究明しようとしたり，理科で習得した技能を用いて問題を解いたり，理科で得た知識や理解を基に科学的に思考し，表現したりしうる。他の教科や学校生活の中でも，常に子どもの学びを見取ることができるとよい。

中学校や高等学校では，教科担任制である場合が多く，子どもと関わる場面が限定されることもある。複数の教員が子どもの横断的評価に関わることや，他教科や生活の中で，理科の学習成果が見られた場面について情報を共有できることが期待される。

（3） いろいろな立場から授業評価をしてもらおう

授業評価というと授業者が行った研究授業に対して，授業者自身が振り返ったり，検討会参加者がコメントをしたりすることを指すイメージがないだろうか。もちろん，授業者による自己評価や参観者による評価も大切であるが，いろいろな立場から授業を評価してもらうことによって，多面的にとらえることができる。

大学においては授業の質を高める取り組みの一つとして，「学生による授業評価」が行われるようになってきている。授業を受けた子どもの認知的側面，情意的側面の双方を見取る手法を活用することで，学習者の立場からの授業評価を得ることが可能であろう。保護者による授業評価は，個々の子どもの学びに寄り添った学習支援ができているかどうかを考える際の貴重な資料ともなりうる。また，自然科学を専門とする立場の研究者が理科の授業評価に加わることで，扱った学習内容の科学的知見の精査や，観察・実験に関する再検討について，深い考察を得ることが期待できる。

教員同士の評価であっても，その学習内容を教えた経験のない若手教員と，

実際に実践したことのある経験者，その分野に苦手意識のある教員と，得意とする教員とでは異なる見方をする場合がある。

　授業評価にぜひ，多様な人の多様な見方を取り入れていくようにしてほしい。

　　（4）　実践成果の公表にあたって

　授業評価の目的と方法の多様性について述べてきた。行った実践の成果を発表する際には，どういった観点で何を明らかにするのかを熟慮した上で，適切な手法で分析を行う必要がある。一つの手法ですべてを明らかにすることはできない。明確化した観点に基づいた分析により得られた結果を複数組み合わせることで，より多角的な授業評価ができるようになる。

　具体的な授業実践で，どのような成果があったのか，その内容を詳細に分析した質的評価を行う場合もあるであろう。また一方で，開発した教材を用いた学習効果を評価したい場合には，教材開発者以外の授業でも同様の効果があるか，異なる学習者にも同様の効果があるかなどを基に，量的評価を行うことによって，その学習効果の再現性や客観性を得ることも可能であると考えられる。

　よりよい授業実践のために，多様な評価を日々の授業実践の中に取り入れていくことが望まれている。また，それらの評価結果を次なる実践にフィードバックしていくことが期待されていると言える。

> **コラム⑧**　参観者としてのマナーを守ろう！

　研究授業会場校には，準備段階から多大な負担が強いられているので，参観者たちは「上履きを持参する」「携帯電話の電源を切る」「全体会で目を閉じて人の話を聞かない」など，最低限のマナーを守り，さらなる負担を掛けないようにしよう。特に，教育実習生や学部学生は，服装・髪型・挨拶など，他の参観者から見ても恥ずかしくない態度で参観してほしい。

　会場校へは，公共交通機関を利用し，早めの到着を心がけよう。授業者は，授業を最初から見ていないものから，批判やコメントをもらいたくはないだろうから，途中からの参観も極力避けよう。参観中は，あまり動き回らずに，気になった児童・生徒の様子をよく観察し，気づいたことをメモして授業研究会や記録簿作成に生かそう。以前は，研究授業中にもかかわらず，児童・生徒にインタビューをしたり，児童・生徒の質問に答えたりした参観者がいたが，授業の邪魔になるのでやめよう。児童・生徒は，化粧や制汗剤などの香りにも敏感なので，香りにも気をつけたい。

　研究授業・授業研究会を通じて，児童・生徒や学校について知りえたことは，口外しないのが原則である。教員は大概声が大きいので，電車・バスや居酒屋での会話が周囲に筒抜けで，児童・生徒の個人情報や学校名が外部に漏れてしまう。保護者や親戚関係者が傍にいないとも限らないので，十分に注意してほしい。また，犯罪などに巻き込まれたりする可能性も拭えないので，インターネット上に知りえた情報や児童・生徒の写真を掲載するのは慎もう。

> **コラム⑨**　　模擬授業での授業評価
>
> 　私は，大学で模擬授業を担当しているが，模擬授業の評価の前には，TIMSS 1999 の理科授業ビデオ研究を用いて，授業評価のトレーニングをさせている。学部の学生が他者の授業を評価するのは難しいので，小倉（2004）が用いた以下の「理科授業評価の観点」を配布して，参考にさせている。授業担当経験の少ない大学生たちは一様に，ベテランの評価者たちが，「Ⅳ　良好な学習環境を築いているかどうか」を重要視していることに驚く。
>
> ──────────────────────────────
>
> Ⅰ　教える事柄を工夫しているか
> （Ⅰ-1）学習課題を明らかにしているか
> 　必要性のある学習課題の提示，導入での課題づくりの工夫，まとめにおける課題の明確化，次時への予告・課題提示など
> （Ⅰ-2）内容の取扱いを工夫しているか
> 　講義や観察・実験における内容の取扱いの工夫
> （Ⅰ-3）学習方法を的確に提示しているか
> 　全員を対象として，観察・実験の準備や実施方法，班や個別の学習方法を指示するなど
> （Ⅰ-4）既習事項の定着を図っているか
> 　前時の復習，基礎的知識・技術の確認など
> Ⅱ　効果的な授業技術を用いているかどうか
> （Ⅱ-1）効果的な授業形態を採っているか
> 　効果的な観察・実験や班学習の形態，時間の使い方（無駄な時間の有無，行動の敏速さ）など
> （Ⅱ-2）効果的な教材・教具・メディアを用いているか
> 　効果的な観察・実験の教材，ワークシートやノート，教科書，板書，視聴覚機器・コンピュータの活用，教員の声や体や教材の使い方など
> （Ⅱ-3）生徒の学習状況を把握しているか
> 　学習状況の的確な把握，班や個の学習状況に応じた助言・支援・配慮，机間支援など
> Ⅲ　生徒の活動を喚起するための工夫をしているかどうか
> （Ⅲ-1）思考を促すための支援をしているか
> 　生徒の考えを発表させたり吟味したりする工夫，集中させる工夫，思考を深めたり科学のプロセスを重視させたりする工夫など
> （Ⅲ-2）生徒の創意や主体性を促しているか
> 　疑問や予想をもつことを重視する姿勢や新たな発想の励まし，生徒の主体性（積極性，自主性，生徒間での意見交換）の促しなど
> （Ⅲ-3）生徒の学習時間を保障しているか

実験，思考，作業（ノート，プリント記入），まとめ，話し合い，発表などでの十分な時間

Ⅳ　良好な学習環境を築いているかどうか

〔Ⅳ-1〕生徒との信頼関係を築いているか
　教員と生徒及び生徒間での親しさ，生徒の心情への配慮やよい関係づくりのための行為，教員の人間味ある語り方や表情など

〔Ⅳ-2〕学級づくりができているか
　学びの姿勢，子どもの役作り，学習に積極的で協力的な雰囲気など

〔Ⅳ-3〕理科学習のための環境整備が良いか
　実験室やその他の教室，野外などでの環境面の整備の工夫や安全性への配慮

※　小倉康「わが国と諸外国における理科授業のビデオ分析とその教師教育への活用効果の研究」平成12～15年度科学研究費補助金基盤研究（A）（2）（課題番号 12308007）研究成果報告書，2004，国立教育政策研究所．

　模擬授業の評価の際には，簡略化した以下の評価授業票を用いて，相互に授業を評価させている。

「授業評価」	
1．総合評価………（5．4．3．2．1．） (5.優れている　4.やや優れている　3.どちらでもない　2.やや劣っている　1.劣っている)	
〈2．基本的スキル〉 2.1　堂々としている…………………（5．4．3．2．1．） 2.2　言葉使いは適切である…………（5．4．3．2．1．） 2.3　説明は聞き取りやすい…………（5．4．3．2．1．） 2.4　メディアの使い方は適切である……（5．4．3．2．1．） 2.5　友好的な雰囲気を醸し出している…（5．4．3．2．1．）	4．良い点：
〈3．授業方略・内容〉 3.1　導入は適切である………………（5．4．3．2．1．） 3.2　展開は適切である………………（5．4．3．2．1．） 3.3　まとめは適切である……………（5．4．3．2．1．） 3.4　安全に配慮している……………（5．4．3．2．1．） 3.5　授業内容をよく理解している………（5．4．3．2．1．） 3.6　授業内容をよく工夫している………（5．4．3．2．1．） 3.7　興味ある教材を持ち込んでいる……（5．4．3．2．1．） 3.8　授業が良く構成されている…………（5．4．3．2．1．） 3.9　生徒に頭を使わせている…………（5．4．3．2．1．） 3.10　生徒を触発している ………………（5．4．3．2．1．）	5．改善すべき点：

執筆者・担当一覧

山下　修一（千葉大学教育学部・准教授）　　第一部①・②1～9・第二部①・②・③1～6 第三部①・②1～3・コラム⑧⑨

後藤　顕一（国立教育政策研究所教育課程研究センター基礎研究部・総括研究官）
　　　　　　　　　　　　　　　　　　　　第一部③1・2・第二部③7～9

鈴木　宏昭（常磐大学・助教）　　　　　　　第一部②10・第三部②4

大嶋　竜午（高知大学総合教育センター・特任助教）　第一部③3・4

大貫　麻美（帝京平成大学・講師）　　　　　第三部②5・6

　コラム

小野寺千恵（東京都杉並区立和泉小学校・主任教諭）　①

田中　秀明（千葉大学附属小学校・理科主任）　②

鈴木　康代（南房総市立丸山中学校・教諭）　③

井上　　創（千葉市立みつわ台中学校・教諭）　④

勝田　紀仁（浦安市立入船中学校・教諭）　　⑤

今井　　功（千葉市立新宿中学校・教務主任）　⑥

西山　宜孝（千葉県立上総高等学校・教諭）　⑦

〈著者・編者〉

山下　修一（やました　しゅういち）

　　平成元年3月　　東京理科大学理学部第1部応用物理学科卒業
　　平成元年4月から4年間　東京都私立中学高等学校物理科教諭
　　平成7年3月　　筑波大学大学院教育研究科教科教育専攻修了
　　平成7年4月　　千葉大学教育学部附属教育実践研究指導センター
　　　　　　　　　　教務職員
　　平成8年5月　　千葉大学教育学部附属教育実践総合センター助手・
　　　　　　　　　　講師・助教授
　　平成14年3月から1年間　Monash University, Faculty of Education
　　　　　　　　　　（Australia）在外研究員
　　平成17年4月　千葉大学教育学部理科教育教室助教授
　　平成19年4月　千葉大学教育学部理科教育教室准教授

理科の授業研究

2012年9月25日　初版第1刷発行
2016年9月1日　初版第2刷発行

　　　　　　　　　　　編著者　山　下　修　一
　　　　　　　　　　　発行者　木　村　哲　也

・定価はカバーに表示　　印刷　シナノ印刷　製本　川島印刷

発行所　株式会社　北樹出版
URL:http://www.hokuju.jp

〒153-0061　東京都目黒区中目黒1-2-6　電話(03)3715-1525(代表)

© Shuichi Yamashita, 2012, Printed in Japan　ISBN978-4-7793-0346-3
（落丁・乱丁の場合はお取り替えします）